Vasari | Raffael

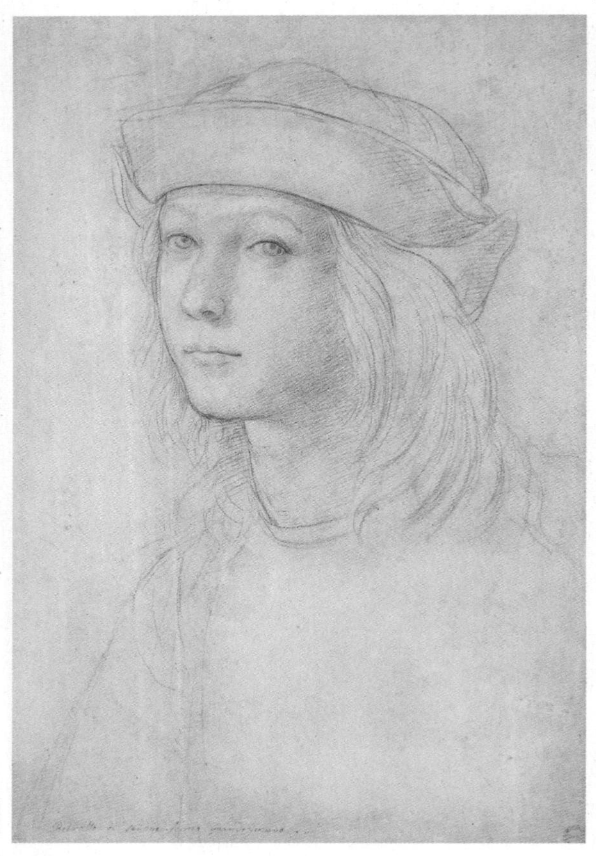

Raffel: Selbstporträt (vermutet), um 1500
(Oxford, Ashmolean Museum)

Giorgio Vasari

Das Leben des Raffael von Urbino

Mit 22 farbigen Abbildungen

Herausgegeben von Roland Kanz

Reclam

Der Text der vorliegenden Ausgabe folgt der Edition von Ludwig Schorn und Ernst Förster; siehe dazu Seite 111 f.

RECLAMS UNIVERSAL-BIBLIOTHEK Nr. 19653
2020 Philipp Reclam jun. Verlag GmbH,
Siemensstraße 32, 71254 Ditzingen
Druck und Bindung: Kösel GmbH & Co. KG,
Am Buchweg 1, 87452 Altusried-Krugzell
Printed in Germany 2020
RECLAM, UNIVERSAL-BIBLIOTHEK und
RECLAMS UNIVERSAL-BIBLIOTHEK sind eingetragene Marken
der Philipp Reclam jun. GmbH & Co. KG, Stuttgart
ISBN 978-3-15-019653-3
www.reclam.de

Das Leben des Malers und Baumeisters Raffael von Urbino

Wie freigebig und liebreich der Himmel bisweilen einem einzigen Menschen den unendlichen Reichtum seiner Schätze, alle Anmut und seltenen Gaben spendet, welche er sonst in langem Zeitraum unter viele zu verteilen pflegt, sieht man deutlich an dem ebenso herrlichen als anmutigen Raffael Sanzio von Urbino. Ihm war von der Natur jene Güte und Bescheidenheit verliehen, welche bisweilen solche schmückt, die vorzugsweise vor andern mit anmutigem Wesen eine liebenswürdige Freundlichkeit verbinden, wodurch sie den verschiedensten Personen gegenüber wie in allen Dingen stets lieblich erscheinen und Wohlgefallen erwecken.

Die Natur war durch die Hand Michelangelos von der Kunst besiegt und schenkte Raffael der Welt, um nicht nur von ihr, sondern auch durch die Sitte übertroffen zu werden. Und in der Tat, da der größte Teil der Künstler, welche bis dahin gelebt hatten, sich nicht von einer gewissen Torheit und Rohheit frei machen konnten, wodurch sie, in sich selbst versunken, nicht nur Phantasten geworden waren, sondern auch oft in ihrem Tun mehr das Dunkel des Lasters als das Licht und den Glanz der Tugenden, welche die Menschen unsterblich machen, gezeigt hatten: So war es wohl billig, dass sie in Raffael die seltensten Vorzüge des Herzens widerstrahlen ließ, von so viel Anmut, Fleiß, Schönheit, Bescheidenheit und trefflichen Sitten begleitet, dass sie genügt hätten, jedes noch so schlimme Laster, jeden noch so großen Fehler zu verdecken. Gewiss kann man sagen: Wen so reiche Gaben schmücken, der sei nicht nur schlechthin ein Mensch, sondern, wenn der Ausdruck erlaubt ist, ein sterblicher Gott zu nennen, und wer durch seine Werke hier auf Erden einen so ehrenvollen Namen in den Geschichtsbüchern hinterlässt, darf auch hoffen, im Himmel die Freude zu genießen, deren seine Anstrengungen und Verdienste würdig sind.

Raffael wurde am Karfreitag des Jahres 1483 nachts drei Uhr zu Urbino, einer berühmten Stadt Italiens, geboren;[1] sein Vater war Giovanni Santi, als Maler von nicht besondern Vorzügen, jedoch ein verständiger Mann und geeignet, seinen Sohn auf den guten Weg zu leiten, welcher zu seinem Missgeschick in der Jugend ihm nicht gezeigt worden war.[2] Giovanni

1 Das Geburtsdatum, das Schorn/Förster noch auf den 26. bzw. 28. März datierten, fällt auf den 6. April 1483.

2 Giovanni Santi arbeitete zeitlebens in Urbino, war am Hof der Montefeltre ein gefragter Mann, da nicht nur im Malen,

wusste, dass es von Wichtigkeit sei, die Kinder nicht von Ammen, sondern von ihren Müttern nähren zu lassen; als ihm daher Raffael geboren wurde, dem er zu guter Vorbedeutung diesen Namen gab, wollte er, die Mutter[3] selbst solle den Knaben stillen; er war das erste und einzige Kind, welches der Himmel ihm schenkte, und wuchs dem Wunsche des Vaters gemäß im elterlichen Hause auf, damit er dort in zartem Alter gute Sitten lerne und nicht bei geringen und gemeinen Leuten ein ungefälliges, rohes Betragen annehme. Als er größer wurde, fing Giovanni an, ihn in der Kunst der Malerei zu unterrichten, wofür er so viel Neigung als Talent kund gab; daher vergingen wenige Jahre, als Raffael, noch ein Kind, schon seinem Vater große Hilfe bei den Arbeiten leistete, welche dieser im Staat von Urbino verfertigte.[4]

Endlich erkannte jedoch dieser gute und liebevolle Vater, dass sein Sohn nicht viel mehr bei ihm lernen könne, und beschloss, ihn zu Pietro Perugino in die

sondern auch im Dichten und Musizieren geübt, und wurde schließlich durch seine Malerei wohlhabend. Seine Werke befinden sich hauptsächlich in und um Urbino.

3 Raffaels Mutter war Magia Ciarla (geb. 1491), Tochter des Giovanni Battista Ciarla. Ein zweiter, nach Raffael geborener Sohn starb bereits 1485. Aus der zweiten Ehe von Giovanni Santi hatte Raffael eine Stiefschwester, die 1494 zur Welt kam.

4 Die erste Ausbildung erhielt Raffael von seinem Vater bis zu dessen Tod 1494.

Lehre zu geben, der ihm als der erste Maler seiner Zeit gerühmt wurde.[5] Er begab sich nach Perugia, da jedoch Pietro eben abwesend war, arbeitete er einiges in San Francesco und wartete ruhig dessen Zurückkunft ab. Dieser kehrte von Rom heim, und Giovanni, anmutig in seinem Betragen, trat mit ihm in freundlichen Verkehr. Als es ihm Zeit schien, teilte er ihm, so bescheiden und höflich, als er es nur einzurichten wusste, seinen Wunsch mit, und Pietro, der nicht weniger fein an Sitten als voll Anerkennung für vorzügliche Talente war, nahm Raffael gern als Schüler an. Sehr zufrieden kehrte Giovanni nach Urbino zurück, nahm den Knaben aus den Armen der Mutter, die ihn zärtlich liebte und mit vielen Tränen von ihm schied, und brachte ihn nach Perugia, wo Pietro nicht so bald seine Art zu zeichnen gesehen und seine liebenswürdigen Sitten erkannt hatte, als er das Urteil über ihn aussprach, welches in der Zukunft die Tat bestätigte.

5 Perugino gilt als eigentlicher Lehrer Raffaels, wenngleich es wahrscheinlicher ist, dass Raffael zunächst noch in Urbino von den gerade dort arbeitenden Malern Luca Signorelli und Timoteo Viti Anregungen empfangen hat, zumal er zunächst unter der Fürsorge seines Onkels Simone Ciarla und seines Vormunds Don Bartolommeo stand, bevor er zu Perugino in die Lehre gegeben wurde, was wahrscheinlich noch 1495 erfolgte. Genaueres ist jedoch über diese ersten Jahre der Ausbildung nicht bekannt.

Es ist eine sehr bekannte Sache, dass Raffael in der Schule Pietros dessen Methode so genau und in allen Dingen so treu nachahmte, dass man seine Bilder nicht von den Originalen des Meisters und ihre Arbeiten nicht voneinander unterschied. Deutlich erkennt man dies an einigen Figuren in San Francesco zu Perugia, die er für Madonna Maddalena degli Oddi auf einer Tafel in Öl malte.[6] Sie stellen die Madonna dar, welche in den Himmel aufgenommen ist, Jesus Christus, der sie krönt, und darunter rings um das Grab die zwölf Apostel zu der himmlischen Verklärung aufschauend. Am Fuß des Bildes auf der Staffel sind kleine Figuren in drei Bildern verteilt; in dem einen sieht man die Verkündigung, im andern die Anbetung und im dritten Christus, der in der Kirche auf den Armen Simons liegt. Diese Arbeit ist mit unendlichem Fleiße ausgeführt, und wer nicht genaue Kenntnis der Manieren hat, würde sicher glauben, sie sei von Pietro, während sie doch unbestreitbar von Raffael ist.

6 Das Gemälde (Rom, Pinacoteca Vaticana) wurde von Maddalena degli Oddi für ihre Familiengrabkapelle in S. Francesco zu Perugia in Auftrag gegeben. Entgegen Vasaris Annahme, es handle sich um das erste Werk Raffaels, was eine Datierung kurz vor 1500 zur Folge hätte, dürfte der Auftrag erst 1503 ergangen sein, da erst in diesem Jahr, zwischen Februar und September, die Familie der Oddi aus dem Exil nach Perugia zurückkehrte.

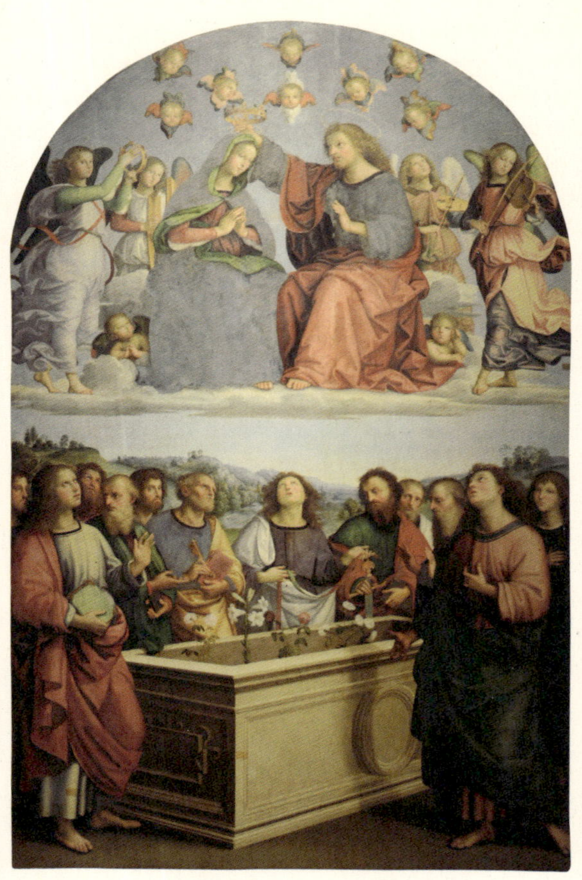

Die Krönung der Jungfrau Maria (Rom, Pinacoteca Vaticana)

Pietro ging um einiger Angelegenheiten willen nach Florenz, und Raffael verließ daher Perugia, um sich mit mehreren Freunden nach Città di Castello zu begeben. Dort verfertigte er in Sant'Agostino ein Bild in derselben Manier, und in San Domenico ein Kruzifix, welches jedermann für eine Arbeit Pietros halten würde, wenn nicht der Name Raffaels darauf stünde.[7] In San Francesco derselben Stadt malte er auf eine kleine Tafel die Vermählung der Madonna; ein Bild, an welchem man deutlich erkennt, wie die Trefflichkeit Raffaels stieg, wie er die Methode Pietros verfeinerte und übertraf.[8] Eine Kirche in diesem Bilde ist perspektivisch mit so vieler Sorgfalt gezeichnet, dass es in Verwundern setzt, welche schwierige Aufgabe er sich hierin stellte.

Während ihm nun die Manier, in der er seine Bilder behandelte, großen Ruhm erwarb, wurde Pintu-

7 Es handelt sich um die bemalte Standartenfahne, die als erstes gesichertes Werk Raffaels gilt (1500, Città di Castello, Pinacoteca Comunale), auf der einen Seite eine Dreifaltigkeitsdarstellung mit den Heiligen Rochus und Sebastian, auf der anderen die Erschaffung Evas.

8 Die »Sposalizio« (Mailand, Pinacoteca di Brera) ist signiert und datiert: »RAPHAEL URBINAS MDIIII«. Das Bild entstand am Ende des Aufenthalts in Città di Castello. Formal ist es deutlich an Peruginos »Schlüsselübergabe« in der Sixtinischen Kapelle im Vatikan (1481) und auch dessen »Sposalizio della Vergine« (1499–1504, Caen) angelehnt.

ricchio von Papst Pius II. nach Siena gesandt, um die Bibliothek des Domes daselbst auszumalen, und nahm den Raffael mit sich, den er als Freund liebte und als einen trefflichen Zeichner kannte. Dort entwarf Raffael ihm einige Zeichnungen und Kartons[9] zu jenem Werk und würde weiter damit fortgefahren haben, wenn nicht einige Maler ihm lobpreisend von zwei Kartons im Saale des Palastes zu Florenz erzählt hätten, in deren einem von Leonardo da Vinci ein sehr schöner Reitertrupp dargestellt war, während im andern Michelangelo Buonarroti, mit Leonardo wetteifernd, mehrere nackte Gestalten gezeichnet hatte, die noch weit vollkommner sind.[10] Raffael demnach, von Liebe zur Kunst und von Verlangen nach Vollkommenheit ergriffen, ließ die Arbeit zu Perugia lie-

9 Verwechslung Vasaris, denn Papst Pius II. (Enea Silvio Piccolomini) amtierte 1458–64. Sein Neffe Kardinal Francesco Todeschini Piccolomini, am 3. September 1503 als Pius III. zum Papst gewählt, jedoch noch am 18. Oktober desselben Jahres gestorben, erteilte den Auftrag im Juni 1502 an Pinturicchio. Für das Fresko »Abreise von Enea Silvio Piccolomini zum Konzil von Basel« existiert ein Karton (Florenz, Uffizien, Gabinetto dei disegni e delle stampe), der Raffael zugeschrieben und in die Zeit Januar bis September 1503 datiert wird.

10 Es handelt sich um Leonardos »Anghiari-Schlacht« und um Michelangelos »Schlacht von Cascina«, siehe dazu *Leben der ausgezeichnetsten Maler, Bildhauer und Baumeister …*, Bd. 3,1, 1843, S. 34 f. und Bd. 5, 1847, S. 285 f.

gen, vergaß jedes Nutzens und jeder Bequemlichkeit, und begab sich nach Florenz.

Dort gefiel ihm die Stadt nicht minder wie jene gepriesenen Werke, die er als göttlich erkannte; er beschloss, einige Zeit dort zu verweilen, und wurde bald mit verschiedenen jungen Malern befreundet, mit Ridolfo Ghirlandajo, Aristotile von Sangallo und andern; überall in der Stadt erzeigte man ihm viel Ehre, besonders Taddeo Taddei, der als ein Verehrer ausgezeichneter Talente ihn stets in seinem Hause und an seinem Tische haben wollte. Raffael, liebenswürdig in allem, was er tat, wollte nicht in Höflichkeit übertroffen sein und malte ihm zwei Bilder, in denen man frühere Manier nach Pietro und die spätere viel schönere erkennt, die er durch Studium erlangte. Diese Bilder werden noch heute im Hause von Taddeos Erben aufbewahrt.[11]

Außerdem stand Raffael in naher Freundschaft mit Lorenzo Nasi,[12] und als derselbe sich in jenen Tagen vermählte, arbeitete er für ihn ein Bild, worin er die

11 Das eine Bild dürfte die »Madonna im Garten« (1506, Wien, Kunsthistorisches Museum) sein. Ob das andere als die »Madonna vor der Palme« (1506–08, Edinburgh, National Gallery of Scotland) identifiziert werden kann, ist stark umstritten.

12 Die »Madonna mit dem Stieglitz« (1505/06, Florenz, Uffizien) wurde für die Hochzeit von Lorenzo Nasi, Mitglied der Kaufmannszunft, gemalt.

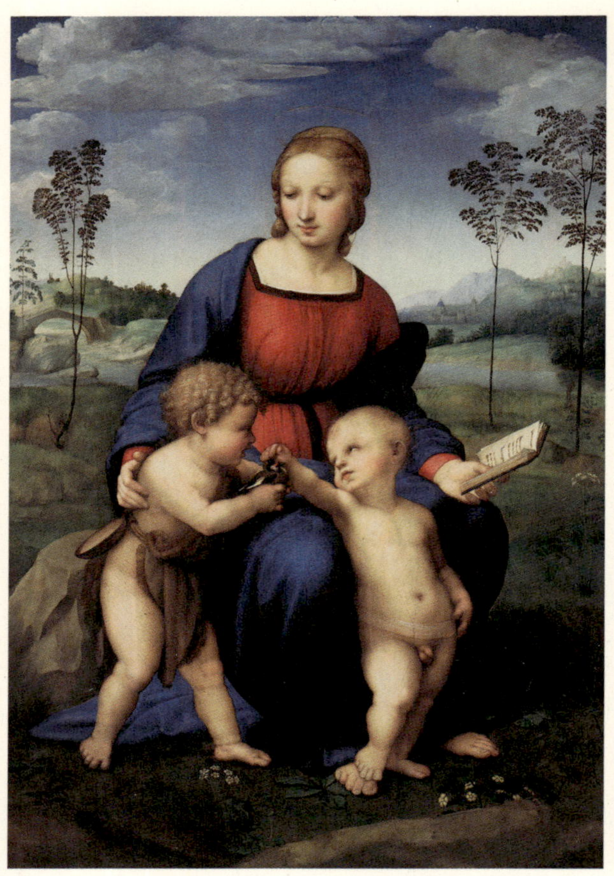

Madonna mit dem Stieglitz (Florenz, Gallerie degli Uffizi)

Madonna darstellte, wie sie das Christuskind zwischen den Knien hält, welchem der kleine Sankt Johannes ganz fröhlich und zu großem Vergnügen und Ergötzen beider Kinder einen Vogel reicht; ihre Stellungen zeigen kindliche, liebevolle Einfalt, und zudem sind sie so trefflich koloriert und fleißig gemalt, dass man eher glauben könnte, sie seien lebend, als mit Farben ausgeführt. Die Madonna hat einen Ausdruck, der wahrhaft voll Anmut und Göttlichkeit ist, und die Umgebung, die Landschaft, wie alles Übrige des ganzen Werkes, ist aufs schönste vollendet. Lorenzo Nasi hielt während seines Lebens dies Geschenk hoch in Ehren, sowohl um seiner Trefflichkeit willen, als weil es ein Andenken Raffaels war, den er sehr geliebt hatte. Am 9. August des Jahres 1548 jedoch wurde es zertrümmert, als durch das Zusammenstürzen des Berges von San Giorgio das Haus Lorenzos zugleich mit den schönen und prachtvollen Besitzungen der Erben des Marco del Nero und andern nahe liegenden Gebäuden zu Grunde ging. Die einzelnen Stücke fanden sich unter dem Schutt des zerstörten Hauses, und Battista, Lorenzos Sohn, ein großer Verehrer der Kunst, ließ sie zusammensetzen, so gut es gehen wollte.

Nach Vollendung der genannten Arbeiten sah Raffael sich gezwungen, Florenz zu verlassen und nach Urbino zu gehen, woselbst seine Eltern beide gestorben waren und niemand für seine Angelegenheiten Sorge trug. Während er dort wohnte, malte er für Guidobaldo da Montefeltro,[13] damals Feldhauptmann der Florentiner, zwei Madonnenbilder, klein, aber sehr schön, in seiner zweiten Manier; welche heutigen Tages von dem durchlauchtigen Herzog Guidobaldo von Urbino aufbewahrt werden.[14] Für denselben Herrn verfertigte er ein anderes kleines Bild: Christus, der am Ölberg betet, etwas entfernt die drei schlafenden Apostel, ein so fein ausgeführtes Werk, dass es in Miniatur nicht besser sein könnte. Es war lange Zeit im Besitz des Herzogs Francesco Maria von Urbino, wurde später aber von dessen Gemahlin, der durchlauchtigen Frau Leonora, den beiden venezianischen Einsiedlermönchen des heiligen Klosters von Camaldoli, Don Paolo Giustiniano und Don

13 Guidobaldo da Montefeltre, Sohn des berühmten Federico da Montefeltre, war – mit mehreren Unterbrechungen, verursacht durch Cesare Borgia – Herzog von Urbino. Der urbinatische Hof unter Guidobaldo wurde von Baldassare Castiglione in seinem Buch *Il Libro del Cortegiano* (1528) als der glänzendste Italiens gerühmt.

14 Die »zweite Manier« (»seconda maniera«) entspricht dem Stilwandel Raffaels unter dem Eindruck der Werke vor allem von Leonardo in Florenz. Bei den beiden Bildern handelt es sich möglicherweise um die »Madonna Cowper« (Ende 1504 bis 1508, Washington, National Gallery of Art) und die »Heilige Familie mit bartlosem Joseph« (1506, Petersburg, Eremitage).

Pietro Quirini, geschenkt, die es als ein schönes Werk Raffaels und als ein Andenken jener erlauchten Gebieterin gleich einer Reliquie nach dem Zimmer des obersten Aufsehers ihres Klosters brachten, wo es nach Verdienst in Ehren gehalten wird.[15]

Nachdem Raffael diese Arbeiten vollendet und seine Angelegenheiten geordnet hatte, ging er noch einmal nach Perugia und malte dort für die Kapelle der Ansidei in der Kirche der Serviten eine Tafel, auf welcher die Madonna, Sankt Johannes der Täufer und Sankt Nikolaus dargestellt sind.[16] In San Severo derselben Stadt, einem kleinen Kloster vom Orden der Kamaldulenser, arbeitete er in der Kapelle der Madonna in Fresko, den Heiland in der Verklärung, Gott Vater mit einigen Engeln umher und sechs Heilige in sitzender Stellung, drei an jeder Seite, Sankt Benedictus, Sankt Romuald, Sankt Lorenz, Sankt Hieronymus, Sankt Maurus und Sankt Placidus. Unter dies Werk, welches für eine sehr gute Freskoarbeit galt,

15 Francesco Maria della Rovere, Herzog von Urbino ab 1508; sein Porträt (1505) von Raffael heute in den Uffizien, Florenz. Vasaris Darstellung ist inkorrekt: Nach Dokumenten lässt sich rekonstruieren, dass das Bild bereits von Elisabetta di Montefeltre, der Ehefrau Guidobaldos, an den Eremiten Michele da Firenze verkauft wurde.

16 Die »Pala Ansidei« (1505, London, National Gallery) wurde für die Cappella Ansidei in S. Fiorenzo dei Serviti, Perugia, gemalt.

schrieb er seinen Namen mit großen, sehr leserlichen Buchstaben.[17]

Auch die Nonnen des heiligen Antonius aus Padua zu Perugia ließen von ihm eine Tafel malen: Die Madonna hält auf dem Schoße das Christuskind, welches ganz bekleidet ist, wie jene einfachen und frommen Frauen es gerne wollten; ihr zu Seiten stehen die Heiligen Petrus, Paulus, Cäcilia und Katharina; beiden heiligen Jungfrauen gab er die anmutigsten Gesichtszüge und den mannigfaltigsten Kopfputz, den man sich nur denken kann, was damals selten war; in einem Halbkreis darüber sieht man einen herrlichen Gott Vater, und auf der Altarstaffel drei Bilder mit kleinen Figuren; in dem einen betet Christus am Ölberg, in dem andern trägt er sein Kreuz, wobei einige Soldaten, die ihn peinigen, die schönsten Stellungen zeigen; im letzten ruht er tot im Schoß der Ma-

17 Dieses Fresko im Kloster S. Severo in Perugia mit der Inschrift »RAPHAEL DE URBINO D OCTAVIANO STEPHANI VOLATERANO PRIORE SANCTAM TRINITATEM ANGELOS ASTANTES SANCTOSQUE PINXIT A. D. MDV« (»Raphael von Urbino malte die Heilige Trinität und die beistehenden Engel und Heiligen für Ottaviano Stefano Volterrano im Jahr des Herrn 1505«) wurde nach dem Tod Raffaels (1520) von Perugino im unteren Bereich um sechs stehende Heiligenfiguren erweitert, die eine Nische mit einer Madonnenskulptur flankieren. Raffaels Fresko wurde im 17. Jh. im oberen Bereich stark beschädigt.

donna – ein sehr bewundernswürdiges Werk, zur Andacht stimmend und von jenen Nonnen nicht minder verehrt als von Künstlern gepriesen.[18]

Ich darf nicht unterlassen, hier zu erwähnen, dass, nachdem Raffael in Florenz die vielen Arbeiten trefflicher Meister gesehen hatte, seine Methode sich also veränderte und vervollkommnete, dass sie der frühern in keiner Weise mehr ähnlich war, ja es schien, als rührten seine ersten Werke von einer andern, in der Malerei minder geschickten Hand.

Ehe Raffael Perugia verließ, bat ihn Madonna Atalanta Baglioni, für ihre Kapelle in der Kirche von San Francesco eine Tafel zu malen: Da er ihr aber in jener Zeit nicht zu Diensten stehen konnte, versprach er, ihren Wunsch zuverlässig zu erfüllen, wenn er von Florenz zurückgekehrt sein würde, wohin seine Angelegenheiten ihn riefen. In Florenz angelangt, lag er nun mit unendlichem Fleiße seinen Studien ob und verfertigte, seines Versprechens eingedenk, einen Karton, um ihn in der genannten Kapelle zur Ausführung zu bringen, sobald es ihm passend scheine. Während er in dieser Stadt verweil-

18 Die »Pala Colonna« für S. Antonio in Perugia, heute in ihren ehemaligen Bestandteilen über mehrere Museen verteilt (Hauptbild, Lünette und ein Predellenbild in New York, Metropolitan Museum), ist in ihrer Datierung umstritten (Vorschläge zwischen 1501/02 bis 1505).

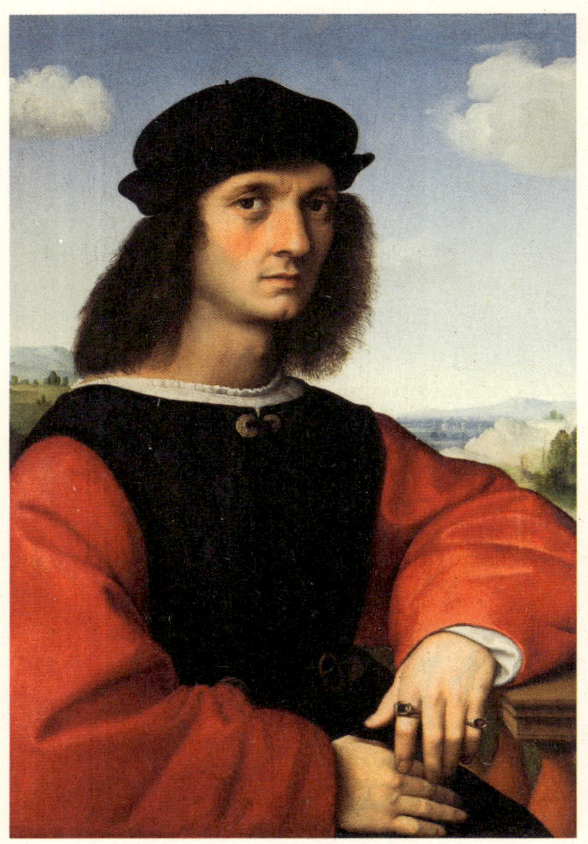

Agnolo Doni und seine Frau Maddalena
(Florenz, Gallerie degli Uffizi)

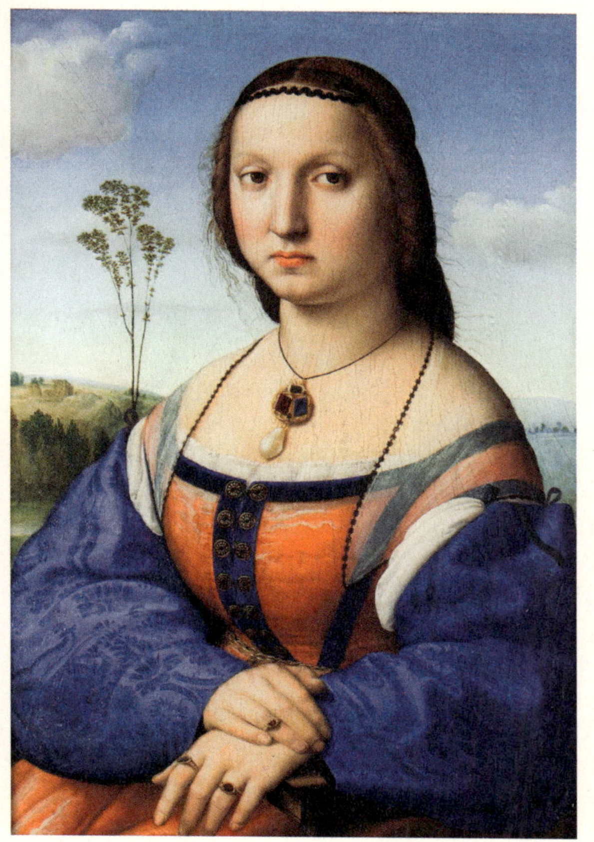

te, lebte dort Agnolo Doni, der in andern Dingen genau war, für Werke der Malerei und Skulptur aber, die er sehr liebte, gerne Geld ausgab, wenn auch so sparsam, als es gehen wollte. Dieser ließ von Raffael sein eigenes Bildnis nebst dem seiner Gemahlin in der Weise ausführen, wie man sie noch jetzt bei seinem Sohne Giovan Battista in dem Hause sieht, welches Agnolo in der Färberstraße zu Florenz an der Ecke der Alberti schön und bequem erbaut hat.[19]

Ein anderes Bild malte er für Domenico Canigiani. Man sieht darin die Madonna mit dem Christuskind auf dem Schoß; es liebkost Sankt Johannes, den die heilige Elisabeth ihm zuführt. Elisabeth hält den Knaben und schaut mit sehr lebendigem Ausdruck nach Joseph, der, beide Hände auf einen Stab gestützt, das Haupt gegen sie neigt, als ob er voll Verwunderung sei und die Größe Gottes preise, dass eine so hochbejahrte Frau ein Söhnlein geboren habe; alle aber, scheint es, verwundern sich, wie in so zartem Alter beide Knaben einander gegenseitig verehren und liebkosen. Jeder Farbenstrich in den Köpfen, Händen und Füßen ist wie mit Fleisch gemalt, und nicht wie bloß von einer Meisterhand gefärbt. Dies köstliche Bild ist jetzt im Besitz der Erben des ge-

19 Die Datierung der Porträts (Florenz, Palazzo Pitti, Galleria Palatina) von Maddalena und Agnolo Doni, einem reichen Kaufmann, schwankt zwischen 1505 und 1506.

nannten Domenico Canigiani, und wird von ihnen wert gehalten wie ein Werk Raffaels von Urbino es verdient.[20]

Dieser herrliche Maler studierte in Florenz die Arbeiten Masaccios und wurde durch die Leistungen Leonardos und Michelangelos zu noch größerem Fleiß, das heißt zu noch höherer Vervollkommnung der Kunst und seiner, Manier getrieben. Während seines Aufenthaltes in jener Stadt stand er in naher Freundschaft mit Fra Bartolommeo di San Marco,[21] der ihm sehr wohl gefiel und dessen Manier in der Malerei er nachzuahmen suchte; dagegen lehrte er jenem guten Pater die Regeln der Perspektive, von denen derselbe bis dahin keine Kenntnis genommen hatte.

In der Zeit, als dieser Umgang am häufigsten war, wurde Raffael nach Perugia zurückberufen und arbeitete dort vorerst in San Francesco das Werk für die oben genannte Frau Atalanta Baglioni, ein Werk, zu dem er in Florenz den Karton entworfen hatte. In diesem göttlichen Bilde ist ein Christus, der zu Grabe getragen wird, mit solcher Frische und Liebe aus-

20 Die »Madonna aus dem Hause Canigiani« (München, Alte Pinakothek) wurde vom Kaufmann Domenico Canigiani wohl kurz nach dessen Heirat (1507) in Florenz in Auftrag gegeben.

21 Fra Bartolommeo betrieb im ersten Jahrzehnt des 16. Jh.s die führende Werkstatt in Florenz.

geführt, dass er jetzt erst gemalt zu sein scheint.[22] Raffael dachte sich, als er dieses Werk schuf, den Schmerz, welchen die nächsten und treuesten Angehörigen empfinden, die den Leichnam ihres geliebtesten Verwandten, auf dem in Wahrheit das Wohl und die Ehre einer ganzen Familie beruhte, zu Grabe tragen. Man sieht die Madonna, die ohnmächtig niedersinkt, und die Köpfe aller Figuren in Tränen höchst anmutig gezeichnet; vornehmlich schön ist Johannes, er kreuzt die Hände und neigt das Haupt in einer Weise, welche das härteste Gemüt zu Mitleid bewegen müsste. Wahrlich, wer den Fleiß, die Liebe, Kunst und Anmut in diesem Bilde betrachtet, der muss sich mit Recht verwundern, denn es versetzt jeden in Staunen durch den Ausdruck der Köpfe, durch die Schönheit der Gewänder, kurz durch die höchste Vollendung aller Teile.

Als diese Arbeit zu Ende gebracht und Raffael nach Florenz zurückgekehrt war, gaben ihm die Dei, Bürger jener Stadt, den Auftrag, eine Altartafel für ihre Kapelle in Santo Spirito zu malen. Den Entwurf

22 Beim Auftrag für Atalanta Baglioni handelt es sich um die »Grablegung Borghese« (Rom, Galleria Borghese), die signiert und datiert ist: »RAPHAEL URBINAS MDVII«. Das Bild befand sich zunächst in S. Francesco al Prato in Perugia, von wo es Papst Paul v. für seinen Neffen Kardinal Scipione Borghese entfernen ließ.

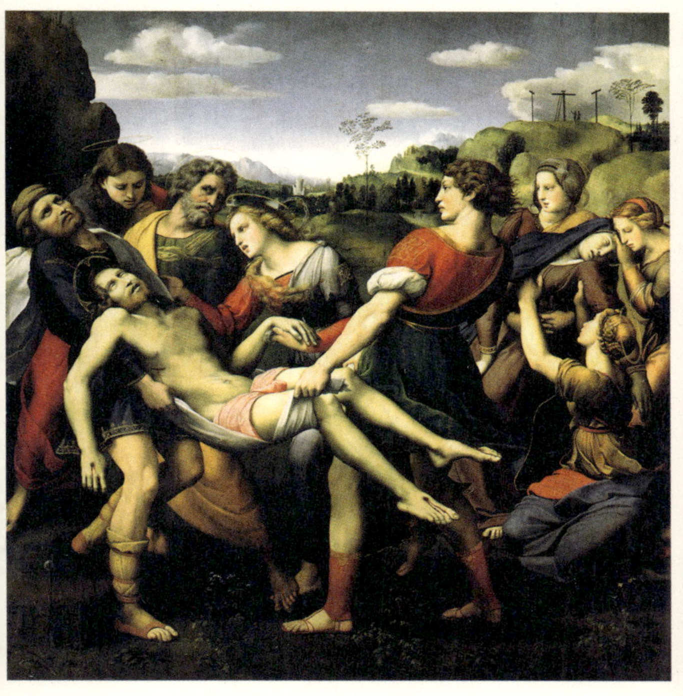

Grablegung Christi (Rom, Galleria Borghese)

hierzu führte er ziemlich weit und verfertigte gleichzeitig ein Bild, um es nach Siena zu schicken, ließ es jedoch dem Ridolfo Ghirlandajo, damit er ein blaues Gewand vollende, welches noch nicht fertig war, als Raffael Florenz verließ.[23]

Sein Fortgehen war durch Bramante von Urbino veranlasst, welcher damals im Dienste Papst Julius' II. stand. Er war mit Raffael entfernt verwandt und sein Landsmann, deshalb schrieb er ihm: Er hätte seinetwegen mit dem Papst unterhandelt, der einige Zimmer habe neu erbauen lassen, in denen er seine Stärke in der Kunst zeigen könne.[24] Dieser Vorschlag gefiel Raffael, er ließ demnach die Arbeiten in Florenz und die Tafel der Dei unvollendet, wie sie nach seinem Tode von Messer Baldassare aus Pescia in der Dechanei seiner Vaterstadt aufgestellt wurde, und begab sich nach Rom, wo er fand, dass ein großer Teil der Zimmer im Palaste schon gemalt war, andere noch von verschiedenen Meistern verziert wurden. In dem einen hatte Pietro della Francesca ein Bild vollendet

23 Wahrscheinlich »La Belle Jardinière« (Paris, Louvre), für den sienesischen Edelmann Filippo Sergardi gemalt. Signiert »RAPHAELLO URB.« und datiert »MDVII«. Franz I. von Frankreich erwarb das Bild für seine Sammlung.

24 Die Raumfolgen sind die »Stanzen«, die Privatgemächer von Julius II.

und Luca von Cortona[25] die Malerei einer Wand ausgeführt; Don Pietro della Gatta,[26] Abt von San Clemente zu Arezzo, hatte einiges begonnen, und man sah viele Gestalten von Bramantino aus Mailand, zum größten Teil nach der Natur gezeichnet, die als vorzüglich gerühmt wurden.

Raffael, vom Papst Julius aufs huldvollste empfangen, begann im Saale der Segnatura ein Bild, worin er darstellte, wie die Theologen die Philosophie und Astrologie mit der Theologie zu vereinigen suchen und worin alle Weltweisen abgebildet sind, wie sie in verschiedener Weise miteinander streiten.[27] An der Seite sieht man einige Astrologen, welche allerlei geometrische und astrologische Figuren und Zeichen auf ein paar Tafeln schreiben und sie durch einige schöne Engel den Evangelisten senden, welche sie erklären. Diogenes mit seiner Schale liegt auf der Trep-

25 Luca Signorelli; es ist unklar, welches Wandgemälde Vasari hier meint, denn in Signorellis Vita ist keine Rede davon, und das Fresko in der Sixtinischen Kapelle ist das einzig erhaltene im Vatikan.

26 Richtig: Don Bartolommeo della Gatta.

27 Die »Schule von Athen« in der »Stanza della Segnatura« (ursprünglich die Bibliothek von Julius II., Benennung nach dem kirchlichen Tribunal »Signatura Gratiae«, das 1540 Papst Paul III. darin abhielt). Die erste Zahlung an Raffael erging am 13. Januar 1509. Die zweite Person von rechts in der unteren Reihe ist ein Selbstporträt Raffaels.

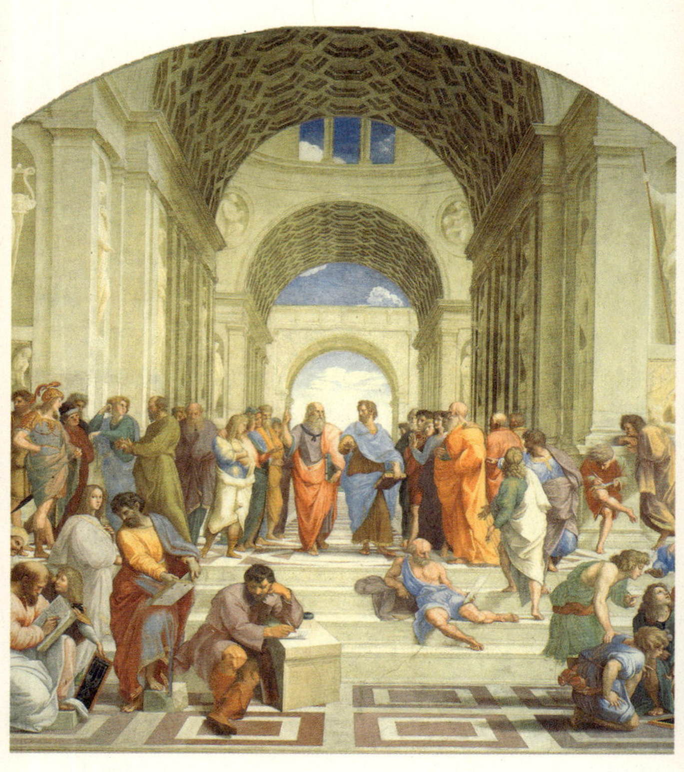

Die Schule von Athen
(Ausschnitt; Rom, Vatikanische Museen)

pe, eine wohlausgeführte in sich selbst versunkene Gestalt, wegen ihrer Schönheit und wegen des nachlässig übergeworfenen Gewandes sehr zu rühmen. Man sieht den Aristoteles und Plato, den einen mit dem »Timäus«, den andern mit der »Ethik« in der Hand, und um sie her im Halbkreis eine Schule von Philosophen.

Nicht zu beschreiben ist die Schönheit der Astrologen und Mathematiker, welche mit dem Zirkel eine Menge Figuren und Schriftzeichen auf die Tafeln zeichnen. Unter ihnen ist ein Jüngling von seltner Anmut und Schönheit, er breitet voll Staunen die Arme aus und senkt das Haupt; dies ist Friedrich II., Herzog von Mantua, der sich damals zu Rom aufhielt. In einer andern Figur, die zur Erde gebogen mit dem Zirkel Linien zieht, sagt man sei der Baumeister Bramante so treu dargestellt, dass man ihn selbst lebend zu sehen glaube. Zur Seite einer Gestalt, die den Rücken zuwendet und die Himmelskugel in der Hand hält, ist Zoroaster abgebildet; neben ihm steht Raffael, der Meister des ganzen Werkes, der sich aus dem Spiegel gezeichnet hat – ein jugendlicher Kopf mit schwarzem Barett, der Ausdruck der Gesichtszüge sehr bescheiden, gefällig und lieblich.

Unendlich schön und herrlich sind die Köpfe und Gestalten der Evangelisten, man erkennt in ihnen, besonders in denen, welche schreiben, das Prüfen und Nachdenken auf sehr natürliche Weise dargestellt. Sankt Matthäus[28] entnimmt die Zeichen von der Tafel, welche ein Engel ihm vorhält, und schreibt sie in ein Buch nieder; hinter ihm sitzt ein alter Mann mit einem Blatt Papier auf dem Knie und schreibt nach, was Matthäus auszeichnet; er beharrt aufmerksam in dieser unbequemen Stellung und streckt Kinn und Haupt vorwärts, gleich als ob er die Feder vergrößern und verlängern wolle. Nicht nur sind eine Menge solcher Einzelheiten wohl beachtet, sondern das ganze Bild ist mit so schöner Anordnung und Ebenmäßigkeit zusammengestellt, dass Raffael dadurch ein volles Zeugnis von sich gab und erkennen ließ, er wolle unbestreitbar vor allen, welche den Pinsel führten, das Feld behaupten. Außerdem schmückte er dies Werk durch eine schöne Perspektive und eine Menge Gestalten, die in so zarter und weicher Manier ausgeführt sind, dass Papst Julius dadurch veranlasst wurde, alle Bilder andrer Meister, der ältern wie der neuern, abschlagen zu lassen, und Raffael allein vor allen, welche sich bis dahin in diesen Dingen versucht hatten, den Vorzug zu geben.

Oberhalb des eben geschilderten Bildes war eine Arbeit von Giovan Antonio Sodoma von Vercelli, aber obgleich sie nach Anordnung des Papstes ver-

28 Richtig: Pythagoras.

nichtet werden sollte, beschloss Raffael doch, von der Einteilung des Werkes sowohl als von den Grotesken Gebrauch zu machen, und zeichnete in vier Runde, welche dort waren, in jeder eine Gestalt von der Bedeutung des Bildes, welches sich unmittelbar darunter befand. In dem ersten Rund oberhalb des Bildes, worin die Philosophie, Astrologie, Geometrie und Poesie dargestellt sind, die sich mit der Theologie vereinen, malte er eine weibliche Figur als Erkenntnis aller Dinge; sie sitzt auf einem Stuhl, den zwei Statuen tragen, beide die Göttin Cybele darstellend, mit den vielen Brüsten, wie die Alten solche der alles ernährenden Diana gaben. Ihr Gewand besteht aus vier Farben, die vier Elemente zu bezeichnen; vom Haupt herab ist die Farbe des Feuers, unter dem Gürtel die der Luft, vom Schoß bis zu den Knien reicht die Farbe der Erde und von da bis zu den Füßen die Farbe des Wassers, einige sehr schöne Kinder umgeben sie. In dem andern Rund gegen das Fenster nach Belvedere zu sieht man die Poesie in Gestalt der Polyhymnia dargestellt; sie ist mit Lorbeern gekrönt und hält eine antike Lyra in der einen Hand, ein Buch in der andern; ihre Füße sind übereinandergeschlagen, ihr Angesicht strahlt von überirdischer Schönheit, und die Augen schauen nach oben. Neben ihr sind zwei Kinder voll Leben und Geist, sodass sie mit ihr wie mit den andern Figuren, bei denen man sie wiederum findet, sehr mannigfaltige Gruppen bilden. Auf dieser Seite malte er über dem genannten Fenster späterhin den Parnass. In dem dritten Rund oberhalb des Bildes, wo die heiligen Doktoren Messe lesen, ist die Theologie von Büchern und andern Gegenständen umgeben mit denselben Kindern, nicht minder schön als jene; und über dem Fenster nach dem Hofe zu stellte er in dem vierten Runde die Gerechtigkeit mit der Waage und dem emporgehobnen Schwerte dar; neben ihr sind noch einmal dieselben Kinder von seltner Schönheit, und man sieht auf der Wand darunter die Verleihung der bürgerlichen und kirchlichen Gesetze, wie an seinem Ort ausführlicher gesagt werden wird.

In den Zwickeln des Gewölbes brachte er vier Bilder an, mit höchstem Fleiß gezeichnet und gemalt, die Figuren jedoch nicht sehr groß. In dem einen zunächst der Theologie stellte er den Sündenfall Adams dar und schilderte das Essen des Apfels auf sehr liebliche Weise; in dem zweiten oberhalb der Astrologie sieht man diese selbst, wie sie Planeten und Fixsterne an die ihnen angewiesenen Stellen setzt. Das dritte gehört zu der Wand vom Parnass, und man sieht darin den an einen Baum gebundenen Marsyas, wie ihn Apollo schinden lässt; im vierten zunächst dem Bild, wo die Kirchengesetze gegeben werden, ist das Urteil Salomos, der das Kind teilen lassen will. Alle vier

Bilder sind voll Sinn und lebendiger Handlung, sehr gut gezeichnet und höchst lieblich gemalt.

Nachdem ich nunmehr gesagt habe, wie Raffael Wölbung und Decke jenes Zimmers verzierte, bleibt noch zu erzählen, was er für eine Wand unterhalb der oben genannten Gegenstände darstellte. Auf der Wand gegen Belvedere, wo man den Parnass und die Quelle des Helikon sieht, malte er über den Berg umher einen schattigen Lorbeerhain, das Grün der Bäume so herrlich, dass man fast glaubt, ein leiser Wind bewege die Blätter; eine Menge nackter Liebesgötter, überaus schön und anmutig, schweben in der Luft, pflücken Lorbeerzweige, flechten Kränze und streuen sie auf dem Berge aus.[29] Dort scheint fürwahr der Hauch der Gottheit zu wehen und den Gestalten wie der Malerei eine edle Wirkung zu verleihen, denn wer dies Bild aufmerksam betrachtet, muss erstaunen, wie ein sterblicher Geist durch das einfache Mittel unvollkommner Farben, mit Hilfe trefflicher Zeichnung gemalte Gegenstände als wirklich erscheinen lassen könne. Für lebend hält man die Dichter, welche auf dem Berge verteilt sind; die einen stehend, andere sitzend, schreibend, sprechend, singend

29 Ein Gemälde mit diesem Thema war passend, da man aus dem Fenster dieser Raumseite auf den »Mons Vaticanum« blickt, der in der Antike den Musen geweiht war. Der »Parnass« ist früher als die »Schule von Athen« zu datieren.

und miteinander redend, zu sechs, zu vier oder wie ihm gefiel, sie zu gruppieren. Alle ältern und neuern Dichter bis auf seine Zeit sind nach wirklichen Abbildungen, nach Statuen, Medaillen und alten Bildern, mehrere auch von ihm selbst nach dem Leben gezeichnet. Man sieht den Ovid, Vergil, Ennius, Tibull, Catull, Properz und Homer, der blind mit erhobenem Haupte seine Gesänge vorträgt; ihm zu Füßen sitzt ein Jüngling, welcher sie aufzeichnet. Die neun Musen und Apoll bilden eine gesonderte Gruppe und sind so göttlich, dass sie Leben und Lieblichkeit atmen. Dort ist die gelehrte Sappho, der göttliche Dante, der anmutige Petrarca und der zärtliche Boccaccio, alle der Natur völlig getreu. Auch den Tebaldeo sieht man, nebst einer unendlichen Menge neuerer Dichter, und das ganze Bild ist höchst anmutig erfunden und zart und fleißig vollendet.

Auf der folgenden Wand ist der Himmel dargestellt.[30] Christus, die Madonna, Sankt Johannes der Täufer, die Apostel, Evangelisten und Märtyrer thronen auf Wolken, und Gott Vater gießt über alle den Heiligen Geist aus; ganz besonders jedoch über eine unendliche Zahl Heiliger, welche unten die Messe schreiben und über die Hostie, die auf dem Altar steht,

30 Die »Disputa del Sacramento« entstand wohl als erstes Bild 1508.

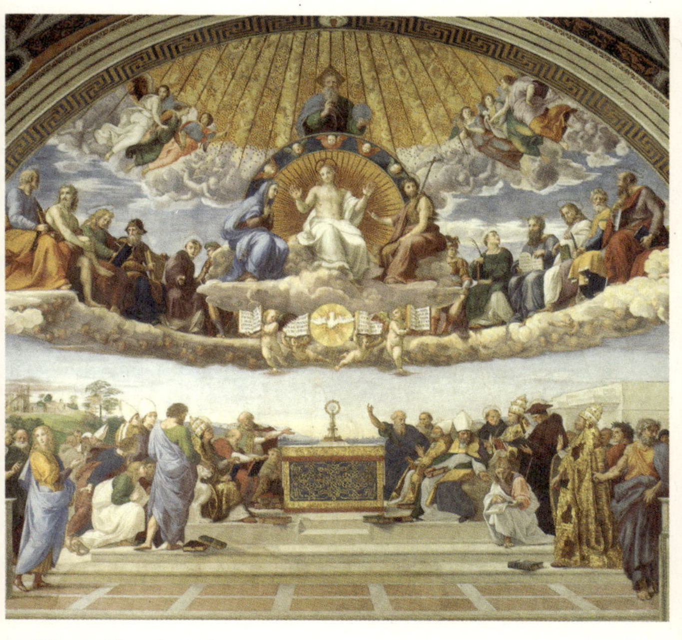

Disput über das Sakrament
(Ausschnitt; Rom, Vatikanische Museen)

disputieren: Man sieht unter ihnen die vier Kirchenväter von vielen Heiligen umgeben; dort ist Dominikus, Franziskus, Thomas von Aquin, Bonaventura, Scotus, Nikolaus von Lyra, Dante, Fra Girolamo Savonarola aus Ferrara und alle christlichen Theologen, viele davon nach der Natur gezeichnet; in der Luft schweben vier Kinder und halten die aufgeschlagenen Evangelien; dies sind Gestalten, die kein Maler anmutiger und vollkommner ausführen könnte. Die Heiligen sitzen in einem Kreise in der Luft und erscheinen durch die schönen Farben wie lebend, durch die vollkommen ausgeführten Verkürzungen wie erhoben; die Gewänder haben den schönsten Faltenwurf, und der Ausdruck der Köpfe ist mehr göttlich als menschlich. Das Antlitz Christi spricht alle Milde und Barmherzigkeit aus, welche ein Bild sterblichen Augen zeigen kann.

Raffael besaß die Gabe, den Angesichtern besondere Zartheit und Lieblichkeit zu geben, wie man auch an der Madonna sieht, welche die Hände über der Brust kreuzt, den Sohn mit einem Blick betrachtet, dass man überzeugt ist, er könne ihrer Fürbitte seine Gnade nicht versagen. Zugleich beobachtete er überall eine edle Würde; in den Zügen der heiligen Patriarchen erkennt man ihr hohes Alter, in den Aposteln ihre Einfalt und in den Märtyrern ihren Glauben. Mehr Kunst noch und Geist bewies er bei den heiligen Gelehrten der Kirche; zu sechs, zu drei und zu zwei streitend sind sie durch das Bild verteilt, ihre Züge sprechen Neugier aus und ein unruhiges Streben, Gewissheit über das zu finden, worüber sie zweifeln; dies zeigen die streitenden Bewegungen der Hände und des Körpers, das gespannte Ohr, das Zusammenziehen der Augenbrauen und das völlig verschiedene mannigfaltige und eigentümliche Staunen. Ausgenommen hievon sind die vier Kirchenlehrer; vom Heiligen Geist erleuchtet lösen und erklären sie vermittels der Heiligen Schrift jede Schwierigkeit der Evangelien, welche von Kindern, die in der Luft schweben, in den Händen getragen werden.

Auf der Wand endlich, wo das Fenster nach dem Hof ist, malte er an einer Seite Justinian, der den Doktoren die Gesetze gibt, sie zu verbessern; oberhalb des Fensters die Mäßigkeit, Stärke und Klugheit, und an der andern Seite den Papst, der die kanonischen Dekretalen verleiht. In der Gestalt dieses Papstes ist Julius II. nach dem Leben dargestellt, neben ihm der Kardinal Giovanni de' Medici, nachmals Papst Leo; der Kardinal Antonio di Monte und der Kardinal Alessandro Farnese, nachmals Papst Paul III., nebst andern Bildnissen.

Der Papst war durch die Arbeiten Raffaels sehr zufriedengestellt, und damit die unten um die Wände laufenden Vertäfelungen der Malerei würdig sein möchten, ließ er aus Monte Oliveto di Chiusuri, einem Kloster im Gebiet von Siena, den Fra Giovanni von Verona kommen, der damals in perspektivischen Vorstellungen von eingelegter Holzarbeit berühmt war. Dieser verfertigte nicht nur die Vertäfelungen ringsumher, sondern auch sehr schöne Türen und Sitze mit perspektivischen Verzierungen, wodurch er sich beim Papst viele Gunst und Belohnung erwarb. Sicher war kein anderer in Zeichnung und Ausführung solcher Arbeiten jemals vorzüglicher als Fra Giovanni; Zeugnis hiervon gibt noch jetzt in Verona, seiner Vaterstadt, die sehr schöne Sakristei von Santa Maria in Organo, der Chor von Monte Oliveto zu Chiusuri und von San Benedetto zu Siena, die Sakristei von Monte Oliveto zu Neapel und an demselben Ort der Chor der Kapelle des heiligen Paul von Tolosa. Fra Giovanni verdiente daher von seinem Orden in hoher Achtung und großen Ehren gehalten zu werden, in dessen Dienst er 1537 achtundsiebzig Jahre alt starb. Ich wollte seiner gedenken, weil er fürwahr ein trefflicher Meister gewesen ist und durch seine ruhmwürdige Kunst Veranlassung gegeben hat, dass nach ihm viel herrliche Werke dieser Art gemacht worden sind, wie ich an seinem Ort sagen werde.

Doch wir wollen zu Raffael zurückkehren, sein Talent in der Kunst wurde immer mehr entfaltet, und er musste in Auftrag des Papstes auch das zweite Zimmer zunächst dem großen Saale verzieren. In je-

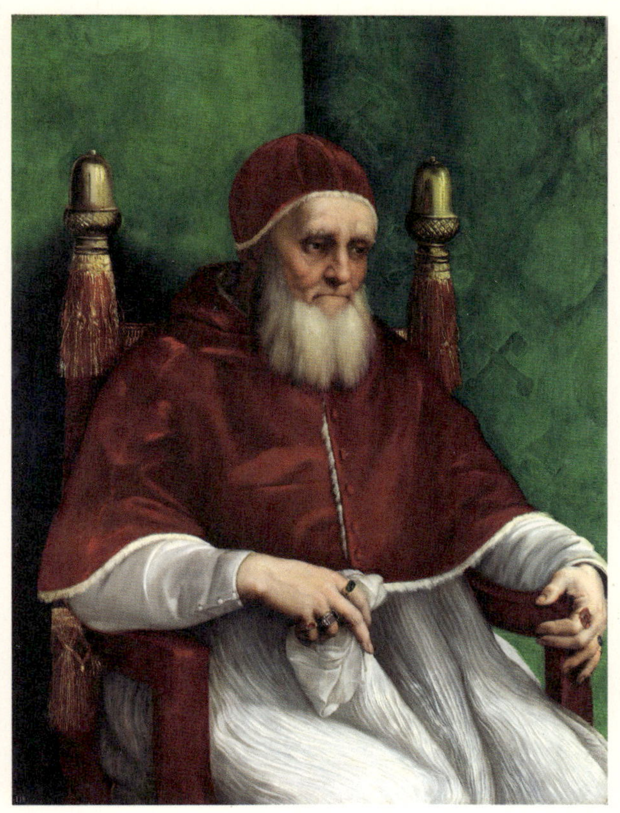

Papst Julius II. (London, National Gallery)

ner Zeit malte er das Bildnis Papst Julius' II. in Öl so treu und ähnlich, dass man es fast mit Zagen betrachtete, als ob es wirklich lebendig wäre; dies wird heutigen Tages in Santa Maria del Popolo aufbewahrt,[31] zugleich mit einer sehr schönen Madonna von demselben Meister, in derselben Zeit gemalt, man sieht darin die Geburt Christi;[32] die Madonna bedeckt mit ihrem Schleier den Sohn, dessen Gestalt seltene Schönheit schmückt, ja Haupt und Körper sind so herrlich, dass man fürwahr den Gottgeborenen in ihm erkennt. Nicht minder vollkommen ist Haupt und Angesicht der Madonna, über welches Anmut, Freude und Frömmigkeit verbreitet sind. Joseph, beide Hände auf einen Stab gestützt, betrachtet mit der Aufmerksamkeit und Bewunderung eines heiligen Greises den König und die Königin des Himmels. Beide oben genannten Bilder werden an bedeutenden Festtagen vorgezeigt.

Raffael hatte in Rom großen Ruhm erlangt, aber obgleich er eine anmutige Manier besaß, welche je-

31 Von diesem Sitzporträt von Julius II. (entstanden 1511/12) existieren mehrere Varianten bzw. Kopien. Zumeist wird der Version in London, National Gallery, gegenüber der florentinischen Fassung, Uffizien, der Vorzug als Original gegeben. Raffael schuf damit den neuen Typus des päpstlichen Staatsporträts.

32 Die »Madonna di Loreto« (1511/12, Chantilly, Musée Condé).

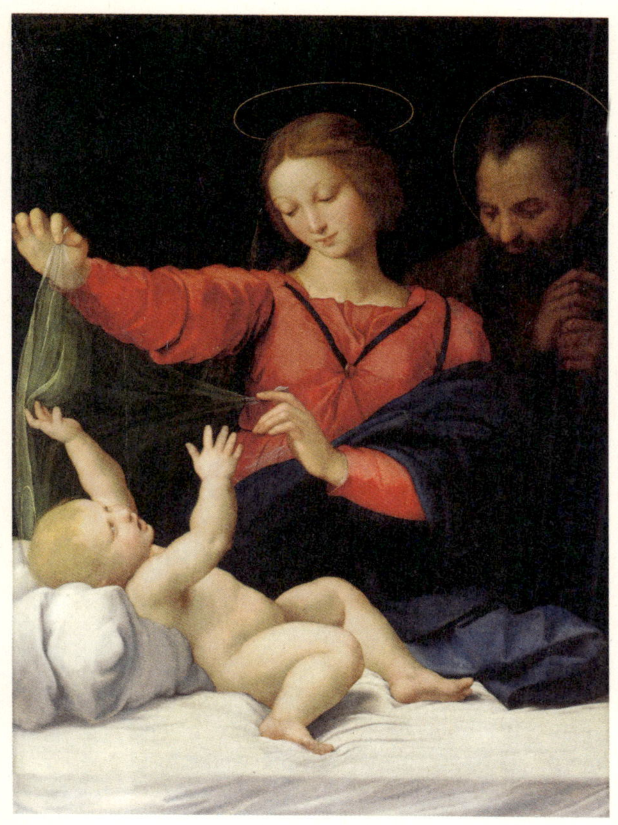

Die Heilige Familie (Madonna di Loreto; Chantilly, Musée Condé)

dermann wohlgefiel, und unaufhörlich die vielen Kunstwerke des Altertums, die ihm dort vor Augen waren, studierte, so hatte doch bis dahin seinen Gestalten eine gewisse Größe und Majestät gefehlt, welche er ihnen von nun an erteilte. – Michelangelo nämlich hatte, wie in seiner Lebensbeschreibung erzählt werden wird, zu jener Zeit in der päpstlichen Kapelle Spektakel gemacht und den Heiligen Vater in Schrecken gesetzt und deshalb nach Florenz fliehen müssen; unterdessen hatte Bramante die Schlüssel zu der Kapelle und ließ nun den Raffael, seinen Freund, die Arbeiten Michelangelos sehen, damit er von dessen Verfahrungsart Nutzen ziehen könne.[33] Hierdurch veranlasst, malte Raffael in San Agostino zu Rom den Propheten Jesaias über der heiligen Anna von Andrea Sansovino noch einmal ganz neu, obwohl er ihn schon vollendet hatte; die Anschauung der Gestalten Michelangelos brachte ihn dahin, seinem Werke eine bedeutendere Größe und mehr Würde zu verleihen, Michelangelo aber, der nachmals die Arbeit Raffaels sah, dachte, und nicht mit Unrecht, Bramante habe ihm dies Übel zugefügt, um Raffael Ruhm und Nutzen zu erwerben.[34]

33 Das Gerüst wurde zu Mariae Himmelfahrt (15. August) 1511 abgebaut, wonach nicht nur Raffael die Gelegenheit hatte, die bisher gemalten Teile zu sehen.

34 Der Auftrag für das Fresko des »Jesaias« in S. Agostino, Rom,

Bald nachher gab Agostino Chisi,[35] ein reicher Sanesischer Handelsmann und Verehrer vorzüglicher Menschen, Raffael den Auftrag, eine Kapelle zu verzieren, und zwar, weil Raffael kurz zuvor in einer Loge seines Palastes, heutigen Tages die Chisi in Trastevere genannt, nach höchst anmutiger Manier eine Galatea von Delphinen in einem Wagen auf dem Meer gezogen und von Tritonen und Meergöttern umgeben gemalt hatte.[36] Das Wohlgefallen an diesem Werk veranlasste Agostino, ihm die Ausschmückung der Kapelle rechter Hand beim Haupteingang der Kirche von Santa Maria della Pace zu übergeben;[37] er entwarf den Karton dazu und malte sie in Fresko

wo es sich am der Familienkapelle zugehörigen Mittelschiffspfeiler befindet, kam von Johannes Goritz von Luxemburg. Obwohl die Kapelle am 26. Juli 1512 geweiht wurde, kann angenommen werden, dass das Fresko erst 1513 ausgeführt worden ist, da es einen unmittelbaren Reflex auf Figuren der Sixtinischen Decke Michelangelos (Jonas), die erst zu diesem Zeitpunkt zu sehen waren, darstellt.

35 Richtig: Chigi.

36 Das Fresko der »Galatea« im von Peruzzi erbauten Palast des Agostino Chigi in Trastevere (später im Besitz der Farnese, daher »Farnesina«) wurde 1511 gemalt.

37 Agostino Chigi erhielt die Kapelle in S. Maria della Pace 1507 von Papst Julius II. Das Fresko der Propheten und Sibyllen wurde zwischen 1512 und 1514 ausgeführt, wobei Raffael die Kartons fertigte, die Ausführung jedoch nur zum Teil selbst übernahm, da in den Quellen auch Mitarbeiter genannt werden.

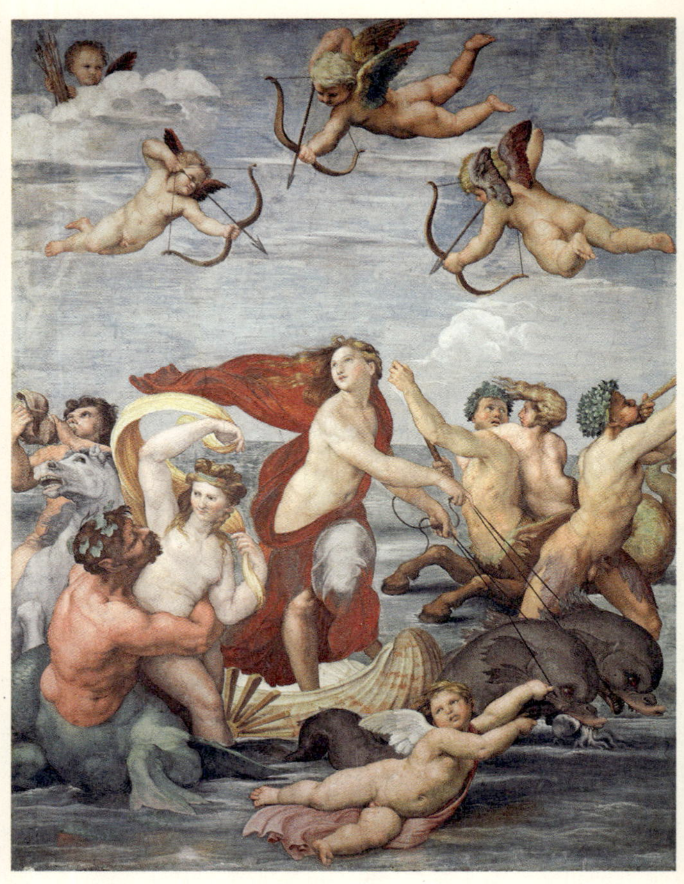

Der Triumph der Galatea (Rom, Villa Farnesina)

nach seiner neuen, etwas reichern und größern Manier, als die frühere gewesen war. Hier stellte Raffael einige Sibyllen und Propheten dar, ehe noch die Kapelle Michelangelos dem Publikum aufgedeckt wurde, obgleich er sie schon gesehen hatte; diese gelten für seine beste Arbeit, für die schönste unter so vielen schönen, denn in den Frauen und Kindern dieses Bildes sieht man die vollste Lebendigkeit und ein vortreffliches Kolorit, und dies Werk erwarb ihm im Leben und nach dem Tod hohen Ruhm, weil man es für das seltenste und trefflichste erkannte, das Raffael sein ganzes Leben hindurch gemacht hatte.

Auf Bitten eines Kämmerers Papst Julius' II. malte Raffael die Tafel für den Hauptaltar von Aracoeli;[38] er stellte darin die Madonna in den Wolken dar und darunter in einer wunderschönen Landschaft den heiligen Johannes, Franziskus und Hieronymus, letzteren als Kardinal. In der Madonna ist eine Demut und Sittsamkeit, als ob sie fürwahr die Mutter Gottes sei, das Kind spielt in anmutiger Stellung mit ihrem Mantel,

38 Kämmerer war Sigismondo Conti aus Foligno, daher auch »Madonna di Foligno« (1511/12, Rom, Pinacoteca Vaticana). Er starb am 18. Februar 1512 und wurde in S. Maria in Aracoeli, Rom, beigesetzt. Das Altarbild Raffaels zierte den Kapellenaltar und verblieb dort bis 1565, als es nach Foligno ins »Monastero delle Contesse« überführt wurde. Von den Franzosen unter Napoleon für Paris requiriert, kam es durch die von Canova geleitete Rückgabekommission 1816 in den Vatikan.

und die Gestalt Sankt Johannes' des Täufers lässt die Buße des Fastens gewahren; aus seinem Angesichte spricht Offenheit und fester Mut, wie solche denen eigen sind, welche fern von der Welt sie verachten und im Verkehr mit Menschen die Lüge hassen und die Wahrheit verkünden.

Der heilige Hieronymus richtet Haupt und Blicke zu der Madonna empor, so in Betrachtung verloren, dass man glaubt, in ihm alle Kenntnis und Gelehrsamkeit zu erkennen, welche seine Schriften auszeichnen. Mit einer Bewegung beider Hände befiehlt er dem Schutz der Madonna den Kämmerer, der sehr täuschend nach dem Leben dargestellt ist. Nicht weniger lebendig ist der heilige Franziskus an der Erde kniend, den einen Arm nach oben gestreckt, das Haupt nach der Madonna in die Höhe gewendet, scheint er von heiliger Liebe zu glühen; Linien und Farbe seines Angesichtes zeigen, dass er in Hingebung vergeht und Stärkung und Leben von den sanften schönen Blicken der Mutter und von der Herrlichkeit des Sohnes empfängt. In der Mitte des Bildes unterhalb der Madonna steht ein Kind, das Haupt zu ihr erhoben, eine Schrifttafel in Händen; der Kopf sowohl als die Gestalt ist von so wunderbarer Schönheit, dass man nichts Anmutigeres sehen kann, und nicht minder ist die Landschaft im Hintergrund in höchster Vollkommenheit ausgeführt.

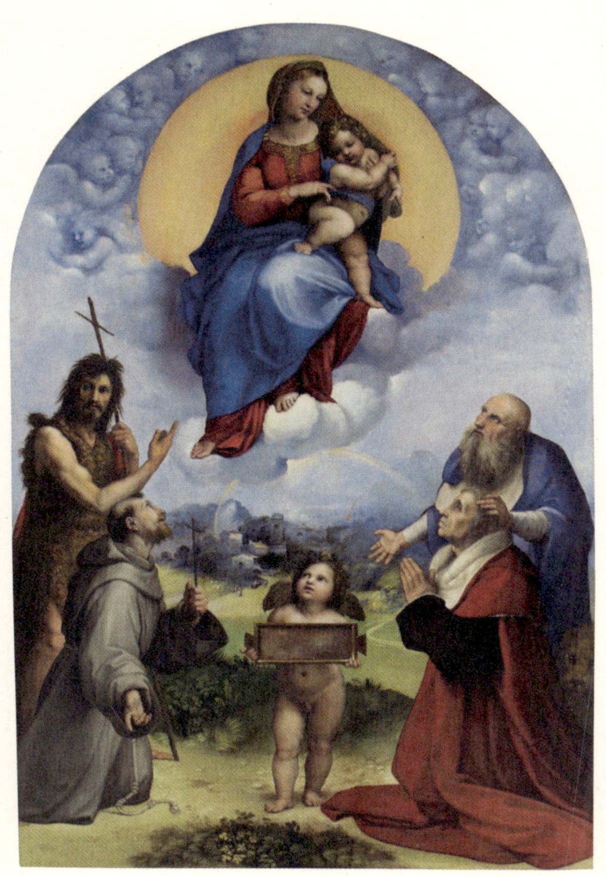

Die Madonna von Foglino (Rom, Vatikanische Museen)

Raffael fuhr fort, in den Zimmern des päpstlichen Palastes zu arbeiten, und malte dort das Wunder des Sakraments am Leintüchlein zu Orvieto oder Bolsena, wie man es nennen mag.[39] In diesem Bilde sieht man den Priester, wie er Messe liest und von Scham erglüht, als um seines Unglaubens willen die Hostie auf dem Leintüchlein blutet; mit verstörten Augen durch den Anblick seiner Zuhörer der Fassung beraubt, hat er das Ansehen eines schwankenden, unsichern Menschen, und man glaubt seinen Schrecken, fast das Zittern der Hände zu gewahren, welches in solchem Zustand erfolgt. Umher zeichnete Raffael eine Menge verschiedner Gestalten; einige bedienen die Messe, andere knien auf einer Treppe in mannigfaltig schönen Stellungen; die Neuheit des Ereignisses hat sie erschreckt, und man erkennt in vielen, in Männern sowohl als in Frauen, das Verlangen, sich für schuldig zu erklären. Am Fuß des Bildes sitzt eine Frau an der Erde, die ein Kind auf dem Schoße hält; sie horcht mit gespannten Zügen auf die Erzählung vom Begegnis des Priesters, die eine andere ihr zuflüstert, und wendet sich verwundert; ihre Bewegung ist voll weiblicher Grazie und von einer höchst ausdrucksvollen Lebendigkeit.

39 Die »Messe von Bolsena« in der »Stanza di Eliodoro« im Vatikan, 1512.

An der andern Seite sieht man den Papst Julius, der die Messe hört, ein merkwürdiger Gedanke; auch zeichnete er dort den Kardinal von San Giorgio[40] und eine Menge anderer Personen nach der Natur. Die Öffnung des Fensters benutzte er, um eine stufenförmige Erhöhung vorzustellen, welche das Bild zu einem Ganzen macht, ja es scheint, als ob der Zwischenraum des Fensters gar nicht fehlen dürfte, und man kann hier wie überall mit Recht sagen, dass kein Maler in Erfindung und Zusammenstellung aller Arten von Bildern mehr Geschick, Leichtigkeit und Trefflichkeit kund gegeben hat als Raffael. Dies zeigte er an demselben Ort in einem andern, dem eben genannten gegenüber stehenden Gemälde, wie Sankt Petrus von Herodes gefangen gesetzt, von Kriegern

40 Kardinal Raffaello Riario. Er war bereits als Knabe von Sixtus IV. zum Kardinal ernannt worden. In dieser Eigenschaft war er als 16jähriger in die Pazzi-Verschwörung 1478 gegen die Medici verstrickt, da die Attentäter seinen Besuch in Florenz und das für ihn abgehaltene Hochamt in S. Lorenzo für einen Anschlag auf Lorenzo und Giuliano de' Medici missbrauchten, wobei Giuliano de' Medici erstochen wurde und Lorenzo nur knapp entkam. 1513 schließlich war Kardinal Riario nach dem Tod Julius' II. ein Kandidat für den Papstthron, den dann aber Giovanni de' Medici, ein Sohn Lorenzos, als Leo X. bestieg. Riarios Porträt in der »Messe von Bolsena« erklärt sich aus der engen Verbindung mit der Familie Julius' II. (della Rovere).

bewacht wird[41] – ein Bild, worin die Architektur und einfache Zeichnung des Kerkers so sinnvoll geordnet ist, dass fürwahr im Vergleich dagegen in den Arbeiten andrer Künstler ebenso viel Verwirrung herrscht als in der seinigen Schönheit. Er suchte stets die Begebenheiten treu darzustellen, wie sie geschrieben sind, und ausgezeichnete und wohlgefällige Dinge in seinen Werken anzubringen. Hier zeigte er das Grauen des Kerkers; mit Ketten beschwert sieht man den heiligen Greis zwischen zwei Kriegern; man gewahrt den tiefen Schlaf, in welchem die Wachen liegen; das strahlende Licht des Engels erhellt die dunkle Nacht, lässt alle Einzelheiten des Kerkers unterscheiden und glänzt auf den Waffen der Krieger wider, sodass man ihren Schein in der Wirklichkeit zu sehen glaubt.

Nicht geringere Kunst und Erfindung bewies er in einem andern Teile desselben Bildes: Die Ketten Sankt Peters sind gefallen, vom Engel geleitet tritt er aus dem Kerker, und man erkennt in seinem Angesicht, dass er zu träumen wähnt; einige gewaffnete Krieger außerhalb des Gefängnisses hören den Lärm der eisernen Pforte, eine Schildwache mit einer Fackel in der Hand weckt die schlafenden Gefährten,

41 Die »Befreiung Petri aus dem Gefängnis« (vgl. Apg. 12,1–9), 1514, Stanza di Eliodoro, laut Inschrift im zweiten Amtsjahr von Leo X. gemalt.

das Licht der Fackel glänzt auf den Waffen, und wo dies nicht hinfällt, werden die Gegenstände vom Mond erleuchtet. Raffael brachte dies sinnig erdachte Bild oberhalb des Fensters auf einer dunkeln Wand an; betrachtest du die Malerei, so fällt dir das Tageslicht in die Augen und steht in schönem Gegensatz zu den verschiedenen Lichtern der Nacht; du glaubst den Rauch der Fackel, das Leuchten des Engels und die Dämmerung der Nacht nicht gemalt, sondern in Wahrheit zu schauen, mit solcher Deutlichkeit wusste er alle diese schwierigen Erfindungen darzustellen; in den Waffen sieht man den Schattenwurf, den Widerschein und den Dampf der Lichter mit trüben Tönen so herrlich gemalt, dass Raffael fürwahr der Lehrmeister der andern Künstler hierin genannt werden kann, und von allen Bildern, welche die Nacht treu nachahmen, gilt dies bei jedermann für das herrlichste und göttlichste.

Auf einer der nicht unterbrochenen Wände stellte er den Gottesdienst der Juden dar, die Bundeslade, den Kandelaber und Papst Julius, der die Habgier aus dem Tempel jagt – ein Werk von nicht minderer Trefflichkeit als das oben genannte Nachtstück. Einige Sesselträger, welche darauf vorgestellt, sind Bildnisse damals lebender Personen, sie tragen auf einem Tragsessel Papst Julius II., der wahrhaft wie lebendig ist. Männer und Frauen aus dem Volke weichen zurück, um Seine Heiligkeit vorüberziehen zu lassen; an der andern Seite stürzt ein Gewaffneter zu Pferd hervor, begleitet von zwei Gestalten zu Fuß; mit wilder Gebärde jagt er den stolzen Heliodor aus dem Tempel, der auf Befehl des Antiochus die hier niedergelegten Güter der Witwen und Waisen rauben will.[42] Schon sieht man Waren und Schätze forttragen, der Schreck vor diesem wunderbaren Ereignis jedoch zwingt den Heliodor, sie wiederum zu lassen, denn er wird von den drei Dämonen hart gedrängt, welche als eine Vision nur ihm allein sichtbar sind. Furcht ergreift seine Leute, die entwendeten Reichtümer fallen zur Erde, und mit ihnen stürzen auch die, so sie tragen, übereinander. Getrennt von ihnen sieht man den Hohenpriester Onias im priesterlichen Gewande, er hebt Augen und Hände gen Himmel und betet andächtig, betrübt durch das Mitleid für die Armen, deren Besitztum entwendet wird, und erfreut über den Beistand des Himmels, der Hilfe bringt.

Ein glücklicher Gedanke Raffaels war es, dass er mehrere Gestalten zeichnete, welche die Postamente des Gebäudes erstiegen haben; sie halten die Säulen umfasst und schauen in dieser unbequemen Stellung

42 Die »Vertreibung des Heliodor aus dem Tempel«; vgl. 2. Makk. 3.

nach dem, was sich begibt, und das Volk, verschiedenartig gruppiert, harrt voll Staunen des Ausganges der wunderbaren Begebenheit. Dies ganze Werk ist in allen Teilen so köstlich, dass selbst die Kartons sehr hoch gehalten werden. Herr Francesco Masini aus Cesena, von Kindheit an mit einem seltnen Trieb zur Kunst begabt, so dass er ohne Hilfe eines Lehrers sich mit Zeichnen und Malen beschäftigte und Bilder ausführt, welche Kenner sehr rühmen, besitzt unter vielen Zeichnungen und einigen antiken Marmorbasreliefs mehrere Stücke des oben genannten Kartons, die er in so hohen Ehren hält, als sie es verdienen. Auch will ich nicht verschweigen, dass Herr Niccolò Masini, dem ich diese Notizen danke, unsere Kunst in Wahrheit ehrt, gleichwie er in allen Dingen sehr vorzüglich ist.

Doch wir wollen zu Raffael zurückkehren; er malte in der Wölbung des oben genannten Zimmers vier Bilder: in dem ersten Gott Vater, der Abraham erscheint und ihm eine große Nachkommenschaft verkündet; im zweiten die Opferung Isaaks, im dritten Jakobs Himmelsleiter und im vierten Moses vor dem brennenden Busch, alle mit ebenso viel Kunst, Erfindung, Zeichnung und Anmut ausgeführt wie seine übrigen Arbeiten.

In der Zeit, als das Glück diesen Künstler so Wunderbares leisten ließ, starb durch Neid des Schicksals

Julius II.,[43] der der Kunst hilfreich war und alles Gute liebte. Ihm folgte Leo X., er verlangte das begonnene Werk fortgesetzt zu sehen, dadurch wurde Raffaels Talent bis zum Himmel erhoben und brachte ihm reichen Gewinn, denn er hatte einen mächtigen Fürsten gefunden, dem als Erbgut seines Hauses Liebe zur Kunst eigen war.

Raffael ließ es sich daher angelegen sein, die Malereien des obigen Zimmers weiterzuführen, und stellte auf der andern Wand Attilas Ankunft in Rom dar;[44] Papst Leo III. empfängt ihn am Fuß des Monte Mario und scheucht ihn durch die Kraft seines Segens zurück. In diesem Bilde zeigte Raffael die beiden Apostel Sankt Petrus und Paulus mit gezückten Schwertern zur Verteidigung der Kirche in der Luft schwebend. Zwar meldet die Geschichte Leos III. nichts von diesem Ereignis, Raffael jedoch wollte es also darstellen, wie häufig die Malerei und Dichtkunst sich solche Freiheiten erlauben, um ihre Werke zu schmücken, ohne sich jedoch über Gebühr von ihrem ursprünglichen Gedanken zu entfernen. In den beiden Aposteln erkennt man die Kühnheit und den heiligen Eifer, welchen die göttliche Gerechtigkeit zum Schutz ihrer

43 Julius II. starb am 13. Februar 1513.

44 Erste Entwürfe noch 1512, zunächst mit einem versteckten Porträt Julius' II. als Leo III., dann Ausführung 1513/14 mit den Porträtzügen von Leo X.

heiligen Religion sehr oft über die Züge ihrer Verteidiger zu verbreiten pflegt. Die Wirkung davon zeigt sich in Attila, er reitet auf einem wunderschönen schwarzen Pferde mit weißen Hufen und einem Stern auf der Stirne, seine Gebärde ist schreckhaft, das Haupt nach oben gewendet, der Körper zur Flucht gekehrt.

Unter andern trefflichen Pferden ist ein gefleckter spanischer Klepper von besonderer Schönheit, ihn reitet eine Gestalt, deren ganzer Körper mit einem dicht anschließenden Panzer scheinbar von Fischhaut bekleidet ist; sie ist von der Säule Trajans entnommen, wo die fremden Völker solchen Waffenschmuck tragen; wie man glaubt, wurde er aus Krokodilhäuten verfertigt. Den Monte Mario sieht man in Flammen, zum Zeichen, dass beim Abzuge der Krieger stets alles dem Feuer zur Beute wird. Einige Kolbenträger des Papstes samt ihren Pferden sind sehr treu nach der Natur dargestellt, ebenso der Hof der Kardinäle und die Reitknechte, welche den Zelter Leos X. führen; dieser im päpstlichen Ornat ist nicht minder gut wie alle übrigen Gestalten nach dem Leben gezeichnet; ihn geleiten viele Hofleute, ein vergnüglicher Anblick, für dies Bild sehr geeignet und nützlich für unsere Kunst, vornehmlich für solche, die in derlei Dingen arm sind.

In derselben Zeit verfertigte Raffael für Neapel eine Tafel, welche in San Domenico in der Kapelle des Kruzifixes, das zu Sankt Thomas von Aquin geredet hatte, aufgestellt ward; man sieht darin die Heilige Jungfrau, den heiligen Hieronymus als Kardinal gekleidet und den Engel Raffael, der den jungen Tobias begleitet.[45] Für Leonello da Carpi, Herrn von Meldola, der jetzt noch in einem Alter von einigen und neunzig Jahren lebt, malte er ein Bild von wunderbarem Kolorit und seltner Schönheit, mit so viel Kraft und so reizender Anmut ausgeführt, dass ich nicht glaube, es lasse sich etwas Besseres der Art machen; in den Zügen der Jungfrau sieht man eine Göttlichkeit und in ihrer Stellung Demut, wie man es nicht herrlicher denken kann. Er stellte sie dar, wie sie mit gefalteten Händen ihren Sohn anbetet, der auf ihrem Schoße sitzt und den kleinen Johannes liebkost, der ihn zugleich mit Elisabeth und Joseph anbetet. Dies Bild war vordem bei dem hochwürdigen Kardinal von Carpi, Sohn des genannten Leonello, einem großen Verehrer unsrer Kunst, und muss nunmehr bei seinen Erben sein.[46]

45 Die »Madonna del pesce« (Madrid, Prado), zumeist 1512 datiert, wurde 1638 aus S. Domenico in Neapel an den Herzog von Medina veräußert, der das Bild 1644 in Spanien an Philipp IV. für den Escorial verkaufte.

46 Die Datierungen der »Madonna der göttlichen Liebe« (Neapel, Galleria Nazionale di Capodimonte) schwanken zwischen 1515 und 1518. Heute wird das Neapler Bild allgemein als Schülerkopie angesehen, eventuell von Giovanni Francesco Penni oder Giulio Romano.

Raffael stand in Gnaden bei Lorenzo Pucci, Kardinal von Santi Quattro, der zum obersten Pönitentiar ernannt worden war, und musste in seinem Auftrag für San Giovanni in Monte zu Bologna ein Bild verfertigen, welches heutigen Tages in der Kapelle aufbewahrt wird, worin der Leichnam der glückseligen Elena dall'Olio ruht. In diesem Werke zeigte sich, was die Anmut in der zarten Hand Raffaels vereinigt mit der Kunst hervorzubringen vermöge. Die heilige Cäcilia, durch einen Engelchor im Himmel geblendet, horcht auf den überirdischen Klang in Harmonie verloren, und man erkennt in ihrem Angesicht jenes Außersichsein, welches man in den Zügen derer bemerkt, die in Verzückung sind.[47] An der Erde verstreut liegen musikalische Instrumente, so schön, dass man sie in der Wirklichkeit und nicht gemalt zu sehen glaubt. Von gleicher Vollkommenheit sind einige Schleier und Gewänder von Gold und Seide, welche sie umgeben, und bewundernswert künstlich ist der Gürtel, den sie trägt.

Bei ihr steht Sankt Paulus, den Arm auf das bloße Schwert gestützt, das Haupt auf der Hand ruhend; man erkennt in ihm seine beschauende Gelehrsam-

47 Das Gemälde der »Heiligen Cäcilie« (1514–16, Bologna, Pinacoteca Comunale) wurde für die Kapelle S. Giovanni in Monte Uliveto, Bologna, von Elena Duglioli dall'Olio bestellt.

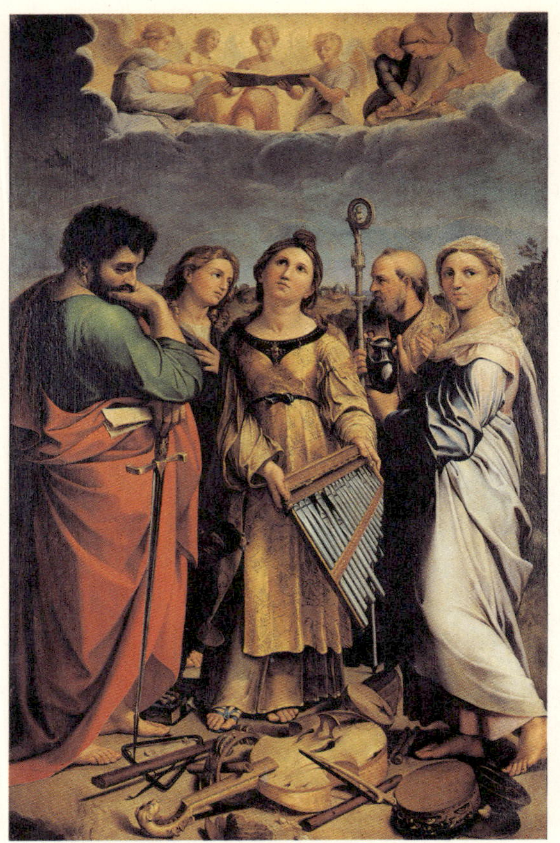

Die Verzückung der heiligen Cäcilia
(Bologna, Pinacoteca Nazionale)

keit und seinen Stolz in Würde verwandelt; er trägt einen einfachen roten Mantel, darunter ein grünes Untergewand nach Art der Apostel, seine Füße sind unbekleidet. Maria Magdalena hält in der Hand eine Vase von sehr feinem Stein, die sie aufs zierlichste stützt; sie wendet das Haupt und scheint fröhlich über ihre Bekehrung, wie man es nicht schöner darstellen könnte. Von gleicher Trefflichkeit sind die Köpfe des heiligen Augustin und des Evangelisten Johannes.

In Wahrheit kann man andere Gemälde Gemälde, die Werke Raffaels aber Leben nennen, denn das Fleisch bebt, man sieht das Atmen, die Pulse schlagen in seinen Gestalten, und man erkennt in ihnen lebendiges Leben. Sein Ruf stieg durch dies neue Werk immer höher, und er wurde durch viele Verse in lateinischer und italienischer Sprache verherrlicht, von denen ich nur einen hersetzen will, um nicht weitläufiger zu werden, als meine Absicht ist:

Pingant sola alii, referantque coloribus ora;
Caeciliae os Raphael atque animum explicuit.

Die anderen malen und geben die Gesichter nur mit Farben wieder;
Raffael hat das Gesicht und die Seele Cäciliens geschildert.

Nach jener Zeit malte er ein kleines Bild, welches sich heutigen Tages zu Bologna im Hause des Grafen Vincenzio Ercolani befindet. Man sieht darauf einen Christus, der dem Jupiter ähnlich in Wolken schwebt, um ihn her sind die vier Evangelisten, wie Ezechiel sie schildert: der eine als Mensch, der andere als Löwe, dieser als Adler und jener als Stier; eine kleine Landschaft unten stellt die Erde dar, und dies Bild ist in seiner Kleinheit nicht minder herrlich wie andere Arbeiten desselben Meisters in ihrer Größe.[48]

Nach Verona sandte er den Grafen von Canossa ein großes Bild von nicht geringer Trefflichkeit, eine Geburt Christi; sehr gerühmt wird darin das schöne Morgenrot und die Gestalt der heiligen Anna, so wie das ganze Werk, welches man nicht besser preisen kann, als wenn man sagt, es sei von der Hand Raffaels von Urbino; die Grafen hielten es nach Verdienst in hohen Ehren und wollten es nie veräußern, wie große Summen ihnen auch von verschiedenen Fürsten dafür geboten wurden.[49]

48 »Vision des Ezechiel« (um 1518, Florenz, Palazzo Pitti, Galleria Palatina).

49 Möglicherweise handelt es sich hier um das Gemälde »La Perla« (Madrid, Prado), das in seiner Zuschreibung umstritten ist. Neuere Untersuchungen machen eine Autorschaft Giulio Romanos wahrscheinlich, vielleicht nach einem Vorbild Raffaels.

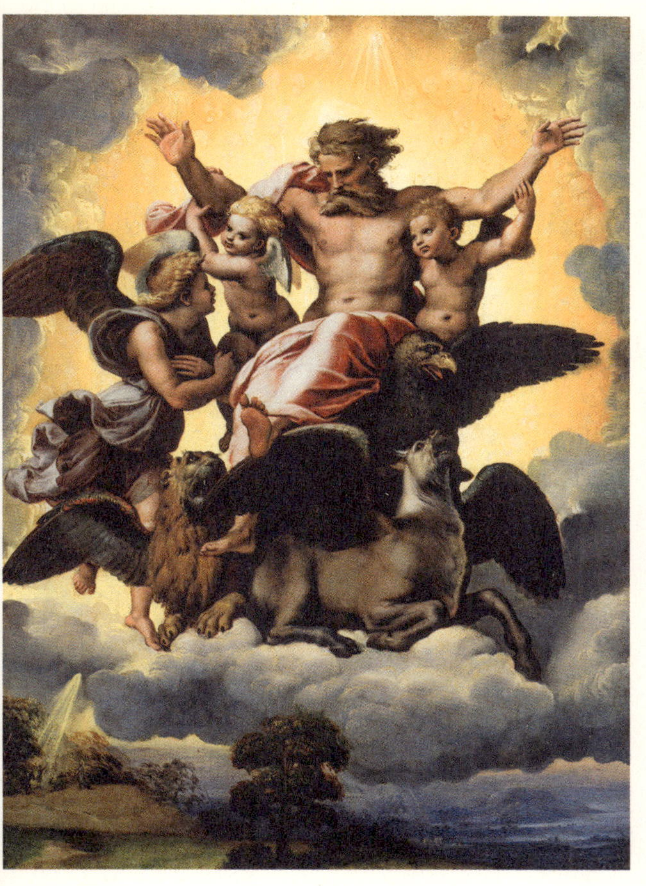

Die Vision des Ezechiel (Florenz, Palazzo Pitti)

Dem Bindo Altoviti, als er noch jung war, verfertigte er sein Bildnis, welches die größte Bewunderung verdiente, und ebenso ein Gemälde der Madonna, welches derselbe nach Florenz schickte; es wird heutigen Tages im Palast des Herzogs Cosimo aufbewahrt, in der Kapelle der neuen Zimmer, die ich eingerichtet und gemalt habe, wo es als Altarbild dient.[50] Man sieht darin die heilige Anna in hohem Alter sitzend dargestellt: Sie reicht der Madonna den Sohn hin, der von so großer Schönheit im Nackten des Körpers wie in den Zügen des Angesichts ist, dass sein Lächeln jeden zur Freude bewegt, der ihn anschaut; in der Madonna zeigte Raffael, was man im Ausdruck einer Jungfrau an Schönheit zu leisten vermag, deren Augen Bescheidenheit, deren Stirne Ehrbarkeit, deren Nase Anmut, deren Mund Tugend begleitet, und ihr Gewand zeigt unnennbare Einfalt und Sittsamkeit, so dass ich fürwahr glaube, man könne in dieser Art nichts Schöneres sehen. Auch den kleinen Johannes sieht man nackt und sitzend, und eine dritte Heilige, die nicht minder schön ist. Den Hintergrund macht ein Gebäude mit einem

50 Das Porträt des Bindo Altoviti entstand 1512–15 (Washington, National Gallery, Kress Collection). Die Datierungen der »Madonna dell'impannata« (Florenz, Palazzo Pitti, Galleria Palatina) schwanken zwischen 1511 und 1516.

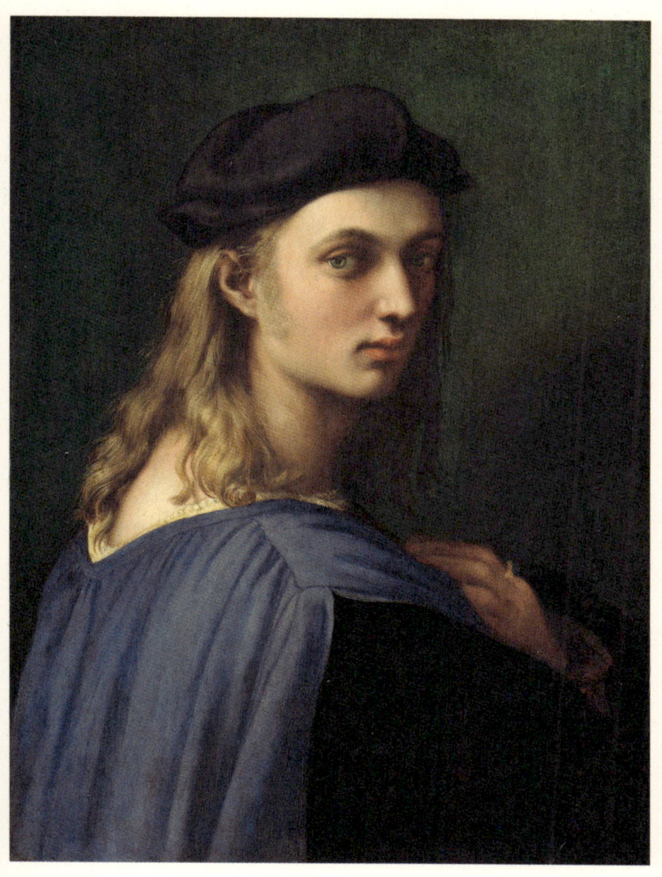

Porträt des Bindo Altoviti (Washington, National Gallery)

Leinwandfenster, durch welches Licht in das Zimmer fällt, worin jene Personen sich befinden.

Zu Rom malte er in einem Bilde von ziemlicher Größe den Papst Leo, den Kardinal Giulio de' Medici und den Kardinal de' Rossi, worin die Gestalten wie rund und erhoben erscheinen.[51] Man sieht die Fasern des Sammets, der Damast, welcher den Papst umkleidet, rauscht und glänzt, die Haare des Pelzfutters sind weich und natürlich, und Gold und Seide der Wirklichkeit gleich. Ein Pergamentbuch mit Miniaturen verziert ist täuschender als die Wirklichkeit, und eine silberne Glocke so schön, dass man keine Worte findet, es auszudrücken. Unter andern ist am päpstlichen Stuhle eine Kugel von hell poliertem Golde, worin die Fenster, der Rücken des Papstes und die Umgebungen des Zimmers sich deutlich abspiegeln, und alle diese Dinge sind mit einem Fleiß ausgeführt, dass sicherlich zu glauben steht, Besseres habe kein Meister vollführt und werde keiner vollführen. Dies Werk gab dem Papst Veranlassung, Raffael reichlich zu belohnen, und es findet sich noch heute zu Flo-

51 Das Porträt »Leo X. mit zwei Nepoten« (1517/18, Florenz, Palazzo Pitti, Galleria Palatina) zeigt Kardinal Giulio de' Medici (Papst Klemens VII. ab 1523; illegitimer Sohn von Giuliano de' Medici, dem Bruder Lorenzos des Prächtigen) rechts und Kardinal Lorenzo de' Rossi (Kardinal ab 1517, Sohn einer Schwester von Lorenzo dem Prächtigen) links.

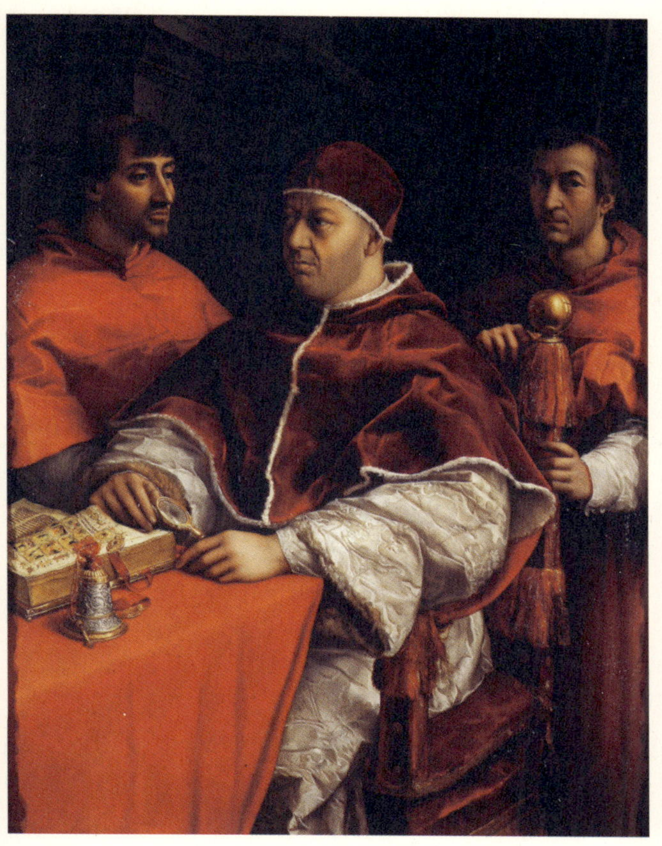

Papstes Leo X. mit den Kardinälen Giulio de' Medici und Luigi de' Rossi (Florenz, Palazzo Pitti)

renz in der Garderobe des Herzogs. Ebenso malte er die Bildnisse der Herzoge Lorenzo und Giuliano mit jener Vollkommenheit in Kolorit und Anmut, welche ihm nur eigen war; beide sind jetzt im Besitz der Erben Ottavianos von Medici zu Florenz.[52]

Der Ruhm Raffaels und die Belohnungen, welche er empfing, stiegen immer mehr, daher ließ er zu seinem Gedächtnis in Borgo Nuovo zu Rom einen Palast erbauen, welchen Bramante mit Stukkatur verzieren ließ.[53] Hierdurch und durch viele andere Arbeiten war der Ruf seines Namens bis nach Frankreich und Flandern gedrungen; Albrecht Dürer aus Deutschland, ein bewundernswerter Maler, der vorzügliche Kupferstiche verfertigte, hörte von seiner Trefflichkeit und schickte ihm als Tribut seiner Huldigung einen Kopf, sein eigenes Bildnis, mit Wasserfarbe auf ganz feiner Leinwand ausgeführt, sodass es sich auf beiden Seiten zeigte; die Lichter waren durchschimmernd, nicht mit Weiß aufgesetzt, sondern auf der Leinwand ausgespart, alles Übrige mit Aquarellfarben gemalt und schattiert. Raffael ver-

52 Beide Porträts sind nicht mehr nachweisbar.

53 Das sog. Haus Raffaels war der Palazzo Caprini, gebaut nach Plänen von Bramante zwischen 1500 und 1510. Raffael erwarb den Palazzo am 7. Oktober 1517. Zur Platzbeschaffung für Neubaumaßnahmen beim Papstpalast wurde er unter Papst Alexander VII. (1655–67) abgerissen.

wunderte sich sehr darüber und sandte Dürer eine Menge Blätter von seiner Hand gezeichnet, welche dieser ungemein wert hielt.[54] Der oben genannte Kopf des deutschen Künstlers aber befand sich zu Mantua unter den Besitztümern von Giulio Romano, dem Erben Raffaels.[55]

Da Raffael hierbei gesehen hatte, wie Albrecht Dürer bei seinen Kupferstichen zu Werke ging, so wünschte er ebenfalls zu zeigen, was er in dieser Kunst vermöge, deshalb ließ er den Marcantonio aus Bologna[56] vielfache Übungen in dieser Kunst anstellen, und da sie demselben trefflich gelangen, ließ er ihn seine ersten Sachen drucken, nämlich: das Blatt mit dem Kindermord, das Abendmahl, den Neptun und die heilige Cäcilia, welche in Öl gesotten wird. Marcantonio verfertigte außerdem noch eine Anzahl Kupferstiche für Raffael, und dieser gab sie nachmals

54 Ein Blatt von Raffael in der Wiener Albertina bezeugt noch den brieflichen Kontakt der Künstler. Darauf hat Dürer vermerkt: »1515. Raffahell de Vrbin, der so hoch peim pobst geacht ist gewest, der hat dyse nackette bild gemacht vnd hat sy dem Albrecht Dürer gen Nornberg geschickt, im sein hand zw weisen.« Diese Beischrift stammt möglicherweise aus der Zeit nach dem Tod Raffaels, da Dürer in der Vergangenheit schreibt.

55 Giulio Romano, Meisterschüler Raffaels, führte nach dessen Tod zunächst die Werkstatt weiter, bis er 1523 einem Ruf nach Mantua als Hofkünstler folgte.

56 Marcantonio Raimondi.

dem Baviera, seinem Malerjungen, welcher für ein Mädchen Sorge trug, das Raffael bis an sein Lebensende liebte. Von ihr malte er ein Bild von großer Schönheit und Lebendigkeit, das jetzt der liebenswürdige Matteo Botti in Florenz besitzt,[57] ein Kaufmann jener Stadt und Vertrauter aller vorzüglichen Menschen, besonders der Maler; er achtet jenes Werk gleich einer Reliquie aus Liebe zur Kunst und vornehmlich zu Raffael. Nicht minder als von ihm werden Künstler und Kunstwerke von seinem Bruder Simon Botti geschätzt; wir alle achten ihn für einen der liebevollsten Wohltäter unseres Berufes, und besonders liebe ich ihn als den besten und treusten Freund, welchen man durch lange Erfahrung schätzen gelernt, nicht zu gedenken, dass er in Dingen der Kunst ein sehr richtiges Urteil besitzt.

Doch wir wollen zu den Kupferstichen zurückkehren. Die Gunst, welche Raffael dem Baviera erwies, war Ursache, dass sich nachher Marco da Ravenna[58] und viele andere in demselben Kunstzweig hervor-

57 Das Frauenbildnis »La Velata« (Florenz, Palazzo Pitti, Galleria Palatina) wird kontrovers zwischen 1512 und 1516 datiert.

58 Ugo da Carpi. Er arbeitet spätestens seit 1516, als er vom venezianischen Senat eine Konzession erhält, in der Technik des Helldunkel-Holzschnittes (»chiaroscuro«). Allerdings wenden auch schon deutsche Künstler (Lucas Cranach d. Ä., Hans Burgkmair, Hans Baldung Grien) zu Beginn des 16. Jh.s sowie der Niederländer Jost de Negker 1508 diese Technik an.

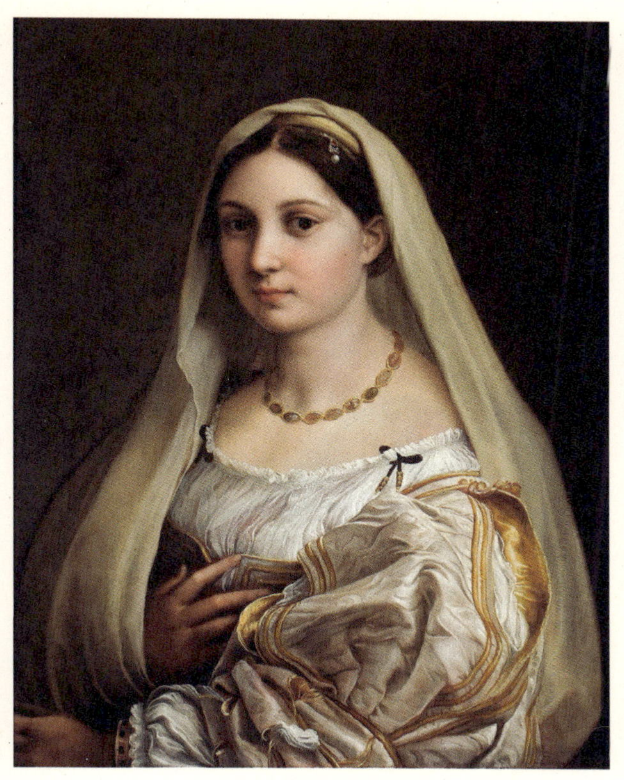

La Velata (Margherita Luti; Florenz, Palazzo Pitti)

taten und die früher so geringe Anzahl von Kupferstichen sich zu der Menge steigerte, in welcher wir sie nunmehr sehen. Ugo da Carpi, dessen erfindungsreicher Sinn sich auf geistreiche und wunderbare Dinge wandte, erfand die Holzschnitte, bei denen man vermittels dreier Stöcke den Mittelton und Licht und Schatten geben und Zeichnungen in Hell und Dunkel nachahmen kann; eine gewiss seltsame Erfindung, die sich sehr verbreitete, wie in der Lebensbeschreibung des Marcantonio aus Bologna genauer erzählt werden wird.

Raffael malte darauf eine Tafel für das den Olivetanermönchen gehörige Kloster Santa Maria dello Spas[i]mo zu Palermo, und stellte darauf Christus dar, der sein Kreuz trägt;[59] dies Werk ist als bewundernswert anerkannt: Man sieht die Bosheit der Kreuzigenden, die voll Wut den Heiland zum Kalvarienberge führen. Christus, von den Qualen des nahenden Todes bedrängt und unter der Last des Kreuzes erliegend, ist zur Erde gesunken; mit Schweiß und Blut bedeckt wendet er sich nach den Marien, die bitterlich weinen; unter ihnen ist die heilige Veronika, voll tiefen Mitleides streckt sie die Arme aus und reicht dem Heiland ein Tuch, während Kriegsleute zu

59 Diese »Kreuztragung Christi« (Madrid, Prado), genannt »Lo Spasimo di Sicilia«, ist signiert »RAPHAEL URBINAS« und kann in das Jahr 1515 datiert werden.

Ross und zu Fuß mit den Standarten der Gerechtigkeit in Händen sich in mannigfaltig schönen Stellungen aus dem Tor von Jerusalem drängen.

Dies schöne Bild lief Gefahr, zu Grunde zu gehen, ehe es den Ort seiner Bestimmung erreichte. Es war eingeschifft, wie man sich erzählt, um nach Palermo gebracht zu werden, das Fahrzeug jedoch, welches es übers Meer trug, zerschellte an einer Klippe, sodass Menschen und Waren untergingen, jenes Bild allein ausgenommen; es trieb in dem Kasten, worin es verpackt war, in den Meerbusen von Genua, wurde dort aufgefischt, ans Land gebracht und sicher aufbewahrt, als man sah, welch göttliches Werk es sei. Völlig unversehrt war es ganz ohne Makel geblieben, denn selbst Stürme und Wogen hatten Achtung vor solch herrlichem Bilde. Der Ruf davon verbreitete sich, und die Mönche, denen es zugehörte, suchten es wiederzubekommen; mit Mühe gelang ihnen dies durch Hilfe des Papstes, und sie gaben denen, welche es gerettet hatten, reiche Belohnung. Aufs Neue eingeschifft, gelangte es nach Sizilien und wurde in Palermo aufgestellt, woselbst es berühmter ist als der feuerspeiende Berg.

Während Raffael diese Arbeiten vollführte, welche er nicht abweisen konnte, weil er von bedeutenden Personen Auftrag dazu hatte, und sie auch um seines eigenen Interesses willen nicht ausschlagen mochte, unterließ er nicht, die begonnenen Ausschmückungen der päpstlichen Zimmer und Säle fortzusetzen. Er hielt dort beständig Leute, die nach seinen Zeichnungen das Werk förderten, sah fortwährend jedes Einzelne nach und legte überall die letzte Hand an, um eine so große Verpflichtung nach Möglichkeit zu erfüllen. So konnte er nach kurzer Zeit das Zimmer des Torre Borgia aufdecken;[60] er hatte darin auf jeder Wand ein Bild gemalt, zwei über den Fenstern und zwei auf den beiden freien Wänden. Auf der einen ist der Brand des Borgo Vecchio zu Rom, der nicht zu löschen war, bis Leo IV. sich nach der Loge des Palastes begab und durch seinen Segen das Feuer völlig dämpfte. Man sieht hier vielfältige Gefahren dargestellt; an einer Seite sind Frauen mit Krügen in Händen und auf dem Haupt, worin sie Wasser zutragen; ihr Haar und ihre Gewänder flattern wild, vom Zugwind gejagt, andere suchen Wasser ins Feuer zu schütten und vermögen, durch den Rauch erblindet, sich selbst nicht zu erkennen.

60 Die »Stanza di Torre Borgia«, heute nach dem Hauptbild von 1514–17 »Stanza dell'Incendio del Borgo« (nach dem *Liber Pontificalis* der Borgo-Brand von 847 n. Chr.) genannt, war der Aufenthaltsraum der päpstlichen Diener, bis Leo X. ihn zum persönlichen Speisesaal umfunktionierte. Von Raffael ausgeführt ist nur dieses Fresko, während die anderen Wände von Mitarbeitern stammen.

An der andern Seite ist eine Gruppe wie die, welche Vergil schildert, als Anchises durch Aeneas gerettet wird. Ein Greis, durch Krankheit und Glut der Flammen erschöpft, wird von einem jungen Mann auf dem Rücken getragen, dessen Gestalt Mut und Stärke kund gibt; alle seine Glieder sind angespannt von der Last des Alten gedrückt, der den Körper schlaff hängen lässt; ihnen folgt eine alte Frau barfuß, mit losem Gewande dem Feuer entfliehend, und ihnen voraus tritt ein nackender Knabe. Von der Höhe eines verfallenen Gebäudes beugt eine Frau sich herab, nackend mit zerzausten Haaren, ein Wickelkind in Händen, sie will es einem der Ihrigen zuwerfen, der sich aus den Flammen gerettet hat; er steht auf der Straße, auf den Fußspitzen erhoben, die Arme ausgestreckt, damit er es empfange. Man erkennt in der Mutter nicht weniger die Angst um die Rettung des Kindes, als wie sie selbst in dem glühenden Feuer leidet, das sie zu ersticken droht, und ebenso gewahrt man in dem, der das Kind aufnimmt, wie er sich um das Kind sowohl als wegen der eigenen Todesgefahr ängstigt. Nicht schildern lässt sich, welche Einbildungskraft dieser sinnreiche, bewundernswürdige Künstler bei einer Mutter kund gab, die barfuß ohne Gürtel, die losen Gewänder zum Teil in der Hand, mit flatternden Haaren ihre Kinder scheltend vor sich her jagt, damit sie den einstürzenden Gebäuden und den Flammen entfliehen. Außerdem sieht man noch einige Frauen, die auf den Knien liegen und den Papst anzuflehen scheinen, dass er helfe, die Feuersbrunst zu dämpfen.

Das zweite Bild stellt eine andere Begebenheit aus dem Leben Leos IV. dar, man sieht darin den Hafen von Ostia von einer türkischen Flotte belagert;[61] sie war gekommen, den Papst gefangen zu nehmen, und wird von den Christen im Meer bekämpft; schon sind eine Menge Gefangner nach dem Hafen gebracht; sie steigen aus einer Barke, von den Soldaten am Bart gerissen; ihre Gesichtszüge sind schön, die Stellungen wild, mit den mannigfaltigsten Schifferkleidungen angetan, werden sie vor den Papst gebracht, der als Leo X. dargestellt ist. Im völligen Ornat thront er zwischen dem Kardinal Santa Maria in Portico, Bernardo Divizio da Bibbiena, und dem Kardinal Giulio de' Medici, der nachmals Papst Clemens wurde. Unmöglich lässt sich einzeln schildern, mit welcher Überlegung der erfindungsreiche Künstler die Züge der Gefangenen zeichnete; das Wort mangelt, und doch erkennt man in ihren Mienen Schmerz, Furcht und Tod.

In den beiden andern Bildern ist erstlich Leo X., der den allerchristlichsten König Franz I. von Frankreich

61 Raffael hat zur »Schlacht von Ostia« 848 n. Chr. (*Liber Pontificalis*) wohl nur Entwürfe geliefert. Die Ausführung wurde von Mitarbeitern vorgenommen.

salbt.[62] Mit dem päpstlichen Ornat bekleidet, liest er Messe, segnet das Öl, ihn zu salben, und segnet die königliche Krone; eine Menge Kardinäle und Bischöfe in ihren Festgewändern leisten bei der Messe Dienst, sie sind nach der Natur gezeichnet, so wie viele Gesandte und andere Personen, und man sieht einige Gestalten in französischer Tracht, wie sie damals üblich war. Das andere Bild stellt die Krönung des eben genannten Königs dar,[63] der Papst und Franz I. sind darin nach dem Leben gezeichnet, dieser gewaffnet, jener im päpstlichen Ornat. Kardinäle, Bischöfe, Kammerherren, Schildträger und Diener in ihren Prunkgewändern nach der Natur abgebildet, sitzen geordnet in der Kapelle umher, wie es Brauch war, darunter Gianozzo Pandolfini, Bischof von Troia,[64] ein sehr vertrauter Freund Raffaels, nebst vielen andern berühmten Personen damaliger Zeit. Neben dem König kniet ein Kind und hält die Krone, dies ist Ippolito de' Medici, der nachmals Kardinal und Vizekanzler, ein

62 Irrtum Vasaris, denn es handelt sich um die Krönung Karls des Großen durch Papst Leo III. Allerdings wurde die Gestalt Karls des Großen mit den Porträtzügen von Franz I. von Frankreich versehen.

63 Der »Schwur Leos III. gegenüber Karl dem Großen« (*Liber Pontificalis*); Ausführung durch die Werkstatt.

64 Pandolfini, Bischof von Troia (Apulien) 1484–1514, ließ von Raffael in Florenz auch den Palazzo Pandolfini (Via S. Gallo) erbauen.

sehr berühmter Mann und ein Freund nicht nur der Malerei, sondern aller Künste wurde. Sein Andenken wird von mir heilig gehalten, denn ich danke ihm meine ersten Anfänge in der Kunst, wie sie auch gewesen sein mögen.

Es ist unmöglich, alle Kleinigkeiten in Raffaels Werken zu beschreiben, wo jeder Gegenstand in seinem Stillschweigen zu reden scheint; doch muss ich noch anführen, dass unterhalb der genannten Bilder sich Postamente befinden mit verschiedenen Verteidigern und Wiederherstellern der Kirche, von allerlei Hermen eingeschlossen und in einer Weise ausgeführt, dass sich überall Geist, Wärme und Überlegung kund gibt und man überall eine Übereinstimmung des Kolorits findet, wie sie nicht besser gedacht werden kann. Die Decke des Zimmers hatte Raffaels Lehrer Pietro Perugino gemalt, und Raffael wollte sie nicht zerstören, als Andenken an einen Meister, den er liebte und dessen Unterricht ihn zuerst der Stufe entgegengeführt hatte, die er in der Kunst einnahm.

Raffaels künstlerischer Geist war so umfassend, dass er in ganz Italien, zu Pozzuolo, ja sogar in Griechenland Zeichner hielt, und er ließ nicht nach, sich alles zu verschaffen, was der Kunst zum Nutzen gereichen konnte. Im Verfolg seiner Arbeiten im Vatikan verzierte er einen Saal, woselbst verschiedene Apostel und andere Heilige in Tabernakel in grüner Erde gemalt waren; dort ließ er durch seinen Schüler Giovanni da Udine, der in Nachbildung von Tieren nicht seinesgleichen hatte, alle fremden Tiere anbringen, welche Papst Leo besaß, das Chamäleon, das Zibet, Affen, Papageien, Löwen, Elefanten und andere fremdartige Bestien.[65] Raffael verzierte den päpstlichen Palast auch mit Grotesken und mannigfaltigen Fußböden und verfertigte daselbst die Zeichnung zu den päpstlichen Treppen und zu den Logen, welche von dem Baumeister Bramante angefangen, nach seinem Tod aber unvollendet liegen geblieben waren; sie wurden nach der neuen Zeichnung und Architektur Raffaels weitergeführt, der ein Holzmodell dazu verfertigte, reicher und schöner als jenes von Bramante.[66]

Und da nun Papst Leo seine Größe, Freigebigkeit und Herrlichkeit zeigen wollte, verfertigte Raffael

65 Heute die sogenannte Sala dei Palafrenieri. Ursprünglich von Mitarbeitern Raffaels ausgeführt, wurde der Saal unter Paul IV. umgestaltet. Taddeo und Federico Zuccaro haben später die Fresken stark nachgebessert und teilweise neu gemalt.

66 Raffaels »Loggien« im Trakt von Nikolaus III. im Vatikanspalast; Bramante entwarf die Architektur der unteren beiden Geschosse, Raffael das dritte Geschoss. Die »Loggien« waren ursprünglich zur Aufnahme der Skulpturensammlung Leos X. bestimmt. Von Raffael stammen die Entwürfe für die Wanddekoration (ab 1515), während die Ausführung die Werkstatt bis 1519 durchführte.

die Zeichnungen zu den Stukkaturverzierungen, zu den Bildern, die dazwischen gemalt, und zu den verschiedenen Abteilungen, welche überall angebracht werden sollten. Den Giovanni da Udine setzte er über die Arbeit der Stukkaturen und Grotesken, und den Giulio Romano über die der Figuren, obwohl dieser wenig daran tat, daher malten Giovan Francesco,[67] der Bologna,[68] Perino del Vaga, Pellegrino da Modena, Vincenzio da San Gimignano, Polidoro da Caravaggio und viele andere daselbst Bilder, Figuren und sonstige Gegenstände, und Raffael ließ alles mit solcher Vollkommenheit ausführen, dass er sogar das Estrich aus Florenz von Luca della Robbia[69] kommen ließ. Sicherlich kann man in Malerei, Stukkatur, Architektur und schöner Erfindung kein herrlicheres Werk vollführen noch ersinnen. Seine Schönheit war Ursache, dass Raffael zum Aufseher über alle Malereien und Bauten im Palast gesetzt wurde. Man erzählt: Seine Gefälligkeit sei so groß gewesen, dass er zur Bequemlichkeit seiner Freunde den Maurern gestattete, die Mauern nicht ganz fest und ohne Unterbrechung zu bauen und einige Öffnungen und

67 Giovanni Francesco Penni.

68 Bartolommeo Ramenghi.

69 Entweder meint Vasari den Florentiner Terrakottakünstler Andrea della Robbia oder dessen Sohn Luca (di Andrea) della Robbia.

Räume unten über den alten Zimmern unausgefüllt zu lassen, um dort Fässer, Rinnen und Holz unterzubringen, durch diese Löcher jedoch wurde das Fundament des Gebäudes geschwächt, alles begann zu reißen, und man sah sich gezwungen, sie später auszufüllen. An allen Türen und sonstigen Holzverkleidungen wurden Schnitzarbeiten angebracht, die Gian Barile mit Zierlichkeit und Geschmack vollendete.

Raffael verfertigte die Architekturzeichnungen zu der Vigne des Papstes,[70] zu mehreren Häusern im Borgo und vorzüglich zu dem schönen Palaste des Messer Giovanbattista dall'Aquila.[71] Einen andern Palast zeichnete er für den Bischof von Troia, der ihn zu Florenz in der Via San Gallo erbauen ließ.

Für die schwarzen Brüder von San Sisto zu Piacenza malte er ein Bild zu ihrem Hauptaltar, man sieht darin die Madonna, den heiligen Sixtus und die

70 Es handelt sich um die Villa Madama auf dem Monte Mario in Rom (Planungen ab 1516, Planänderungen 1519, Modifikationen 1520 durch Giulio Romano; bis zum Tod Leos X. 1521 war der Bau in den Hauptteilen fertig), die nicht mehr dem Entwurf Raffaels entspricht, da sie 1913 einschneidende Veränderungen erfuhr.

71 Es ist nicht geklärt, für welche Straßenhäuser Raffael Entwürfe lieferte. Der Palast des päpstlichen Kämmerers Giovanbattista Branconio dell'Aquila, für den Raffael die Pläne 1518 lieferte, ist durch den Bau von Berninis Kolonnaden (1656–67) des Petersplatzes zerstört worden.

heilige Barbara, ein fürwahr seltnes und wunderbares Werk.[72] Mehrere Bilder sandte er nach Frankreich, darunter eines an den König, worin der heilige Michael mit dem Teufel kämpft;[73] dies gilt für bewundernswert: Ein ausgebrannter Fels stellt den Mittelpunkt der Erde dar, aus seinen Spalten dringen einzelne Feuer- und Schwefelflammen hervor; Luzifer, an den Gliedern verbrannt und versengt, die Farbe der Haut verschiedenartig, zeigt alle Wut, welche giftige und aufschwellende Bosheit dem Unterdrücker der Größe entgegensetzen, der sie des Reiches beraubt und ihnen nicht Friede, sondern dauernde Strafe bringt. Im Gegensatz zu ihm steht der heilige Michael, sein Angesicht schmückt überirdische Schönheit, seine Waffen sind von Gold und Eisen, und dennoch erkennt man in ihm Tapferkeit, Kraft und Schrecknis; er hat Luzifer zu Boden gestürzt und zwingt ihn, auf dem Rücken zu liegen, den Wurfspieß gegen ihn erhebend; kurz, dies Werk war so herrlich, dass Raffael nach Verdienst vom König große Belohnung empfing.

72 Es handelt sich hier um die »Sixtinische Madonna« (1512/13, Dresden, Gemäldegalerie Alte Meister).

73 Das Gemälde »Der heilige Michael stürzt Luzifer« (1518, Paris, Louvre) ist signiert und datiert »RAPHAEL URBINAS PINGEBAT MDXVIII« und stammt aus der Sammlung von Franz I.

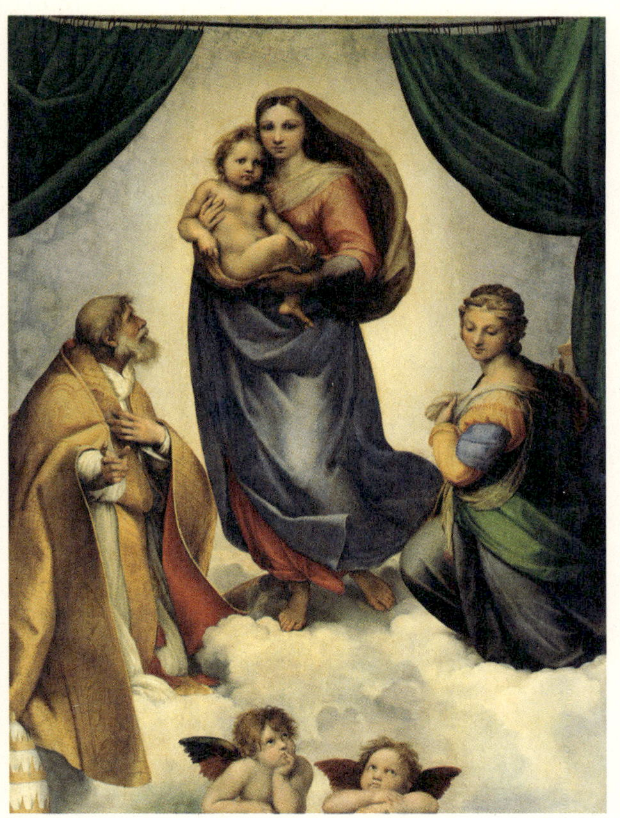

Die Sixtinische Madonna (Dresden, Gemäldegalerie)

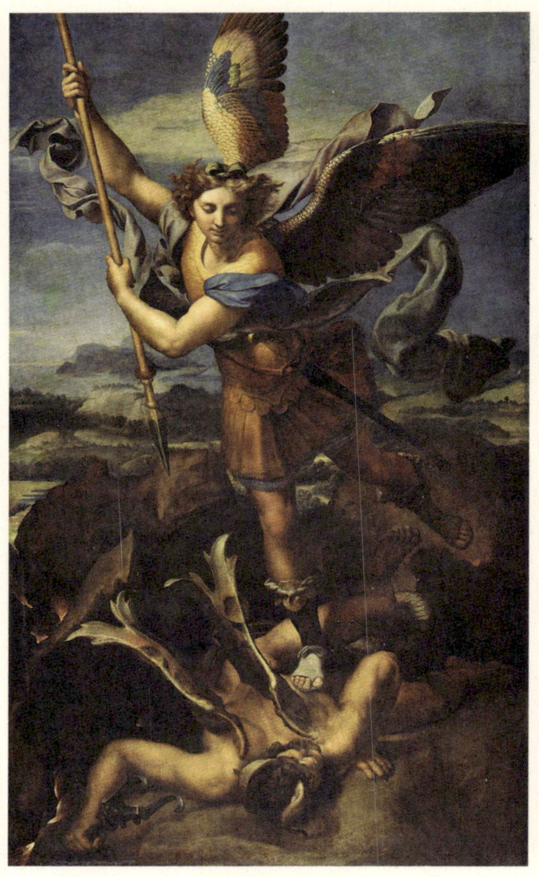

Der heilige Michael stürzt Luzifer (Paris, Louvre)

Er malte die Beatrice von Ferrara und andre Frauen, vorzüglich seine Geliebte und unendlich viele andre.[74] Sein Gemüt war sehr zur Zärtlichkeit geneigt und den Frauen ergeben, deshalb war er stets bereit, ihnen zu dienen. So genoss er unaufhörlich der Freuden der sinnlichen Liebe und wurde darin vielleicht mehr als billig von seinen Freunden geschont und begünstigt. Agostin Chigi ließ von ihm das erste Geschoss seines Palastes ausmalen, Raffael aber konnte nicht viel bei der Arbeit bleiben, aus Sehnsucht nach seiner Geliebten; darüber geriet Agostino so in Verzweiflung, dass er durch Zureden andrer wie sein selbst mit vieler Mühe endlich dahin gelangte, jenes Mädchen nach seinem Hause zu bringen, wo sie stets neben dem Zimmer verweilte, in welchem Raffael arbeitete, dadurch allein wurde das Werk endlich zum Schluss gebracht.

Raffael zeichnete dazu alle Kartons und malte viele Figuren mit eigner Hand in Fresko.[75] An der Wölbung

74 Das Porträt einer Beatrice aus Ferrara konnte bislang nicht nachgewiesen werden. Die Anspielung auf Raffaels Geliebte, um die sich viele Legenden ranken, bezieht sich wahrscheinlich auf das Aktporträt »La Fornarina« (1518/19, Rom, Galleria Nazionale d'Arte Antico im Palazzo Barberini). Entgegen Vasaris Bericht hat Raffael vergleichsweise wenige Porträts gemalt.

75 Es handelt sich hier um die Ausschmückung der Villa Farnesina für Raffaels Freund und Mäzen Agostino Chigi.

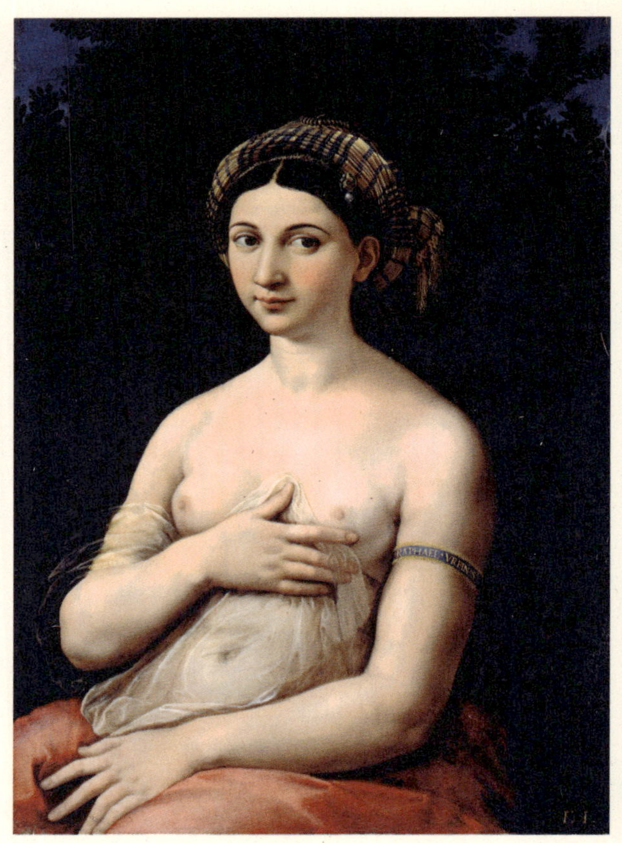

La Fornarina (Margherita Luti; Rom, Galleria Borghese)

ist der Götterrat im Himmel dargestellt, und man sieht hier viele Gewänder und Umrisse, den Werken des Altertums nachgebildet und sehr anmutig und bestimmt gezeichnet. Nicht minder schön ist die Hochzeit der Psyche, Jupiter wird von Ganymed bedient, und die Grazien streuen Blumen über die Tafel. An den Zwickeln des Gewölbes sind eine Menge Bilder, in dem einen schwebt Merkur mit der Flöte, so schön, dass er fürwahr vom Himmel zu kommen scheint; in einem andern ist Jupiter voll erhabner Würde, und neben ihm Ganymed, den er küsst. Tiefer unten sieht man den Wagen der Venus und die Grazien mit Merkur, welche Psyche zum Himmel emporheben, auf den übrigen Zwickeln sind andere poetische Darstellungen, und in den Feldern der Wölbung oberhalb derselben eine Menge schöner Kinder verkürzt gezeichnet; sie schweben in der Luft mit den Attributen der Götter beladen, mit den Blitzen Jupiters, dem Helm, Schwert und Schilde des Mars, den Hämmern Vulkans, mit Herkules' Keule und Löwenhaut, mit dem Schlangenstab Merkurs, der Schalmeie Pans und dem Feldgeräte des Vertumnus, alle von passenden Tieren begleitet; kurz, Male-

Raffael lieferte für die Gartensäle die Entwürfe, die Ausführung wurde jedoch überwiegend von der Werkstatt unter Leitung von Giulio Romano geleistet. Vasaris Beschreibung ist lückenhaft und teilweise inkorrekt.

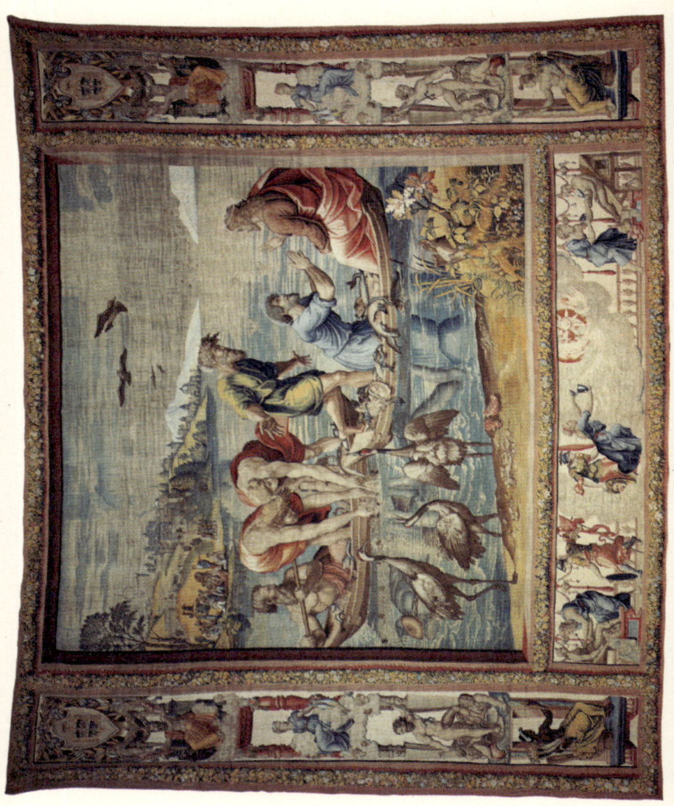

Der wundersame Fischzug, einer von Raffaels Wandteppichen (Rom, Vatikanische Museen)

rei und Erfindung sind hier von seltner Herrlichkeit. Zudem ließ er durch Giovanni da Udine alle diese Bilder mit Gewinden von den verschiedenartigsten Blumen, Blättern und Früchten umschließen, die nicht schöner sein könnten.

Raffael verfertigte die Zeichnung zu den Ställen der Chigi und den Riss zu der Kapelle des oben genannten Agostino in der Kirche Santa Maria del Popolo;[76] er malte sie aus und traf Anordnung, ein bewunderungswürdiges Grabmal daselbst zu errichten; zwei Figuren ließ er dazu von dem florentinischen Bildhauer Lorenzetto arbeiten, sie befinden sich noch jetzt zu Rom in seinem Hause am Macello de' Corvi; denn der Tod Raffaels und das darauf folgende Ableben Agostinos waren Ursache, dass jene Arbeit dem Venezianer Sebastian[o] übertragen wurde.[77]

Raffael war zu solchem Ruhme gelangt, dass Leo X. befahl, er solle den großen Saal ausmalen, in welchem die Siege Konstantins dargestellt sind, und er begann

76 Die Ställe der Chigi sind zerstört. Raffael hat die Cappella Chigi in S. Maria del Popolo in Rom nicht ausgemalt, sondern lieferte die Entwürfe für die Architektur, die zwei Statuen und das Kuppelmosaik.

77 Der Venezianer Sebastiano del Piombo war Parteigänger Michelangelos und künstlerisch ein Hauptrivale Raffaels in Rom. Er lieferte das Altarbild für die Chigi-Kapelle in S. Maria del Popolo in Rom.

das Werk.[78] Zudem kam dem Papste Verlangen, reiche Tapeten von Gold und Seide weben zu lassen, hierzu verfertigte Raffael mit eigner Hand farbige Kartons, genau in der Form und Größe, wie sie gewirkt werden sollten; man schickte sie nach Flandern, und als die Tapeten vollendet waren, kamen sie nach Rom, ein wunderbares, erstaunenswürdiges Werk, denn man begreift nicht, wie es möglich war, Haare und Bärte so zu weben, durch Ineinanderschlagen der Fäden dem Fleische Weichheit zu verleihen, und achtet sicher das Ganze eher für ein Wunder als für ein Kunstwerk menschlicher Hand. Wasser, Tiere und Gebäude sind mit einer Vollkommenheit ausgeführt, dass sie nicht wie gewebt, sondern wie mit dem Pinsel gemalt erscheinen. Der Preis, welcher dafür gezahlt wurde, betrug siebzigtausend Scudi, und sie werden noch jetzt in der päpstlichen Kapelle aufbewahrt.[79]

Für den Kardinal Colonna malte Raffael auf Leinwand einen Sankt Johannes, es war ein schönes

78 Die »Sala di Costantino« wird heute in Entwurf und Ausführung der Werkstatt unter der Leitung Giulio Romanos zugeschrieben.

79 Raffael fertigte für die Folge der zehn Wandteppiche (Rom, Pinacoteca Vaticana) mit Szenen aus dem Leben der Heiligen Petrus (vier) und Paulus (sechs) die Kartons von Winter 1514/15 bis 1516 (sieben davon heute in London, Victoria and Albert Museum, die anderen drei verloren). Ausgeführt wurden die Wandteppiche von Pieter van Aelst in Brüssel.

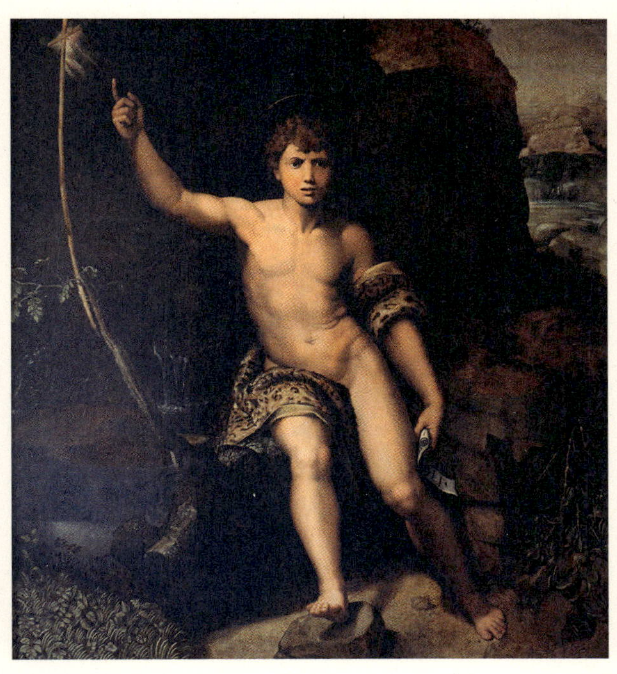

Johannes der Täufer in der Wüste
(Florenz, Gallerie degli Uffizi)

Werk, und dem Kardinal ungemein wert; als dieser jedoch von einer Krankheit befallen wurde, und Messer Jacopo da Carpi, der Arzt, welcher ihn herstellte, als Belohnung seiner Kunst das Bild Raffaels verlangte, willfahrte der Kardinal seinem Wunsch und beraubte sich selbst, um der großen Verbindlichkeit willen, die er jenem zu haben glaubte; es ist nunmehr in Florenz im Besitz des Francesco Benintendi.[80]

Für den Kardinal und Vizekanzler Giulio de' Medici malte Raffael ein Bild von der Verklärung des Heilands;[81] es sollte nach Frankreich kommen, und mit eigner Hand fortwährend daran beschäftigt, gab er ihm die letzte Vollendung. Man sah darauf Christus, der auf dem Berge Tabor verklärt wird, die Apostel harren sein am Fuß des Felsens, und zu ihnen wird ein besessener Knabe gebracht, damit Christus vom Berg herabsteigend ihn befreie. Der Knabe, in

80 Kardinal Pompeo Colonna bestellte das Gemälde » wohl nach seiner Kardinalsernennung 1517. Aus dem Besitz des Florentiners Francesco Benintendi kam das Bild 1589 in die Sammlung der Medici.

81 Raffaels »Transfiguration« (1518–20, Rom, Pinacoteca Vaticana) wurde von Giulio de' Medici 1516 für die Kathedrale von Narbonne, Sitz seines Episkopats, bestellt. Raffael stellte das Gemälde noch kurz vor seinem Tod fertig. Anstatt der »Transfiguration«, die in Rom verblieb, wurde das Konkurrenzbild von Sebastiano del Piombo, eine Darstellung der Auferweckung des Lazarus, nach Narbonne geschickt.

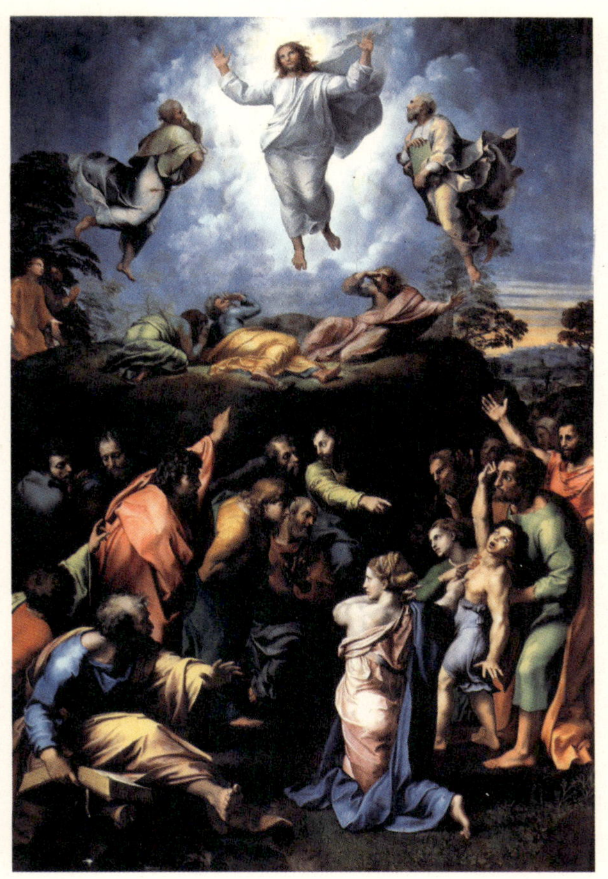

Die Verklärung Christi (Rom, Pinacoteca Vaticana)

verrenkter Stellung, streckt schreiend die Glieder, seine verdrehten Augen zeigen, wie das Fleisch leidet, wie Adern und Pulse von dem bösen Geist gepeinigt sind, seine bleiche Farbe und seine gewaltsame Stellung verraten seine Furcht. Ihn hält ein alter Mann, die Augen weit aufgerissen, den Stern in der Mitte, Stirn und Braunen gefaltet, sodass er Kraft und Angst zugleich zeigt. Er schaut die Apostel fest an und scheint bei ihrem Anblick sich selbst zu ermutigen. Eine Frau, die Hauptfigur des Bildes, kniet im Vordergrund vor jenen beiden, sie wendet das Haupt nach den Aposteln und zeigt mit einer Bewegung des Armes auf den Besessenen, sein Elend kund zu tun. Die Apostel, teils aufrecht stehend, teils sitzend und kniend, zeigen lebhaftes Mitleid mit diesem großen Unglück. In der Tat zeichnete Raffael in diesem Bilde Gestalten und Köpfe von so seltner Schönheit, so neu, mannigfaltig und herrlich, dass alle Künstler in dem Urteil übereinstimmen: Unter den vielen Werken, die er ausführte, sei dies das rühmlichste, das schönste, das göttlichste.

Wer erkennen will, wie man Christus zur Gottheit verklärt darstellen könne, der komme und schaue ihn in diesem Bilde. Er ist verkürzt gezeichnet und schwebt in glänzender Luft über dem Berge zwischen Moses und Elias, die erleuchtet von ungewohnter Klarheit in seinem Licht zum Leben erwachen. Petrus, Jakobus und Johannes liegen zur Erde gebeugt, in verschiedenen schönen Stellungen, der eine legt das Haupt auf den Boden, der andere hält die Hand vor die Augen zum Schutz gegen die Strahlen und den blendenden Glanz des Erlösers; dieser von einem schneeweißen Gewande umgeben, die Arme ausgebreitet, das Haupt nach oben gewendet, scheint das Dasein und die Gottheit der drei Personen darzutun, die in Eins verbunden sind durch die Vollkommenheit von Raffaels Kunst. Es ist, als habe dieser seltne Geist alle Kraft aufgeboten, die er besaß, um in dem Angesicht des Heilandes die Macht und Gewalt der Kunst zu offenbaren, denn nachdem er es vollendet hatte, als das letzte, was zu vollbringen ihm oblag, rührte er keinen Pinsel mehr an, und überraschte ihn der Tod.

Nachdem ich von den Werken dieses herrlichen Künstlers erzählt habe, soll es mir nicht zu viel Mühe sein, zum Gewinn der Meister unseres Berufes etwas über die Methode Raffaels zu sagen, bevor ich mehrere Einzelheiten seines Lebens und Todes mitteile. Er hatte in der Kindheit die Manier seines Lehrers Pietro Perugino nachgeahmt, sie in Zeichnung, Kolorit und Erfindung um vieles vervollkommnet und glaubte, genug getan zu haben; als er jedoch älter wurde, erkannte er, dass er der Wahrheit allzu ferne geblieben sei; als er die Werke Leonardos sah, der im Ausdruck der männlichen wie der weiblichen Köpfe nicht seinesgleichen hatte, der in Bewegung und Anmut der Gestalten alle andern Maler übertraf, geriet er in Erstaunen und Bewunderung und fing an, die Manier dieses Meisters zu studieren, da sie ihm besser gefiel als irgend sonst eine, die er je gesehen hatte. Mit großer Mühe nur machte er sich allmählich von der Methode Pietros frei und suchte so sehr als möglich den Leonardo nachzuahmen. Wieviel Fleiß und Studium er indes auch aufwandte, konnte er doch in einigen Schwierigkeiten diesen Meister niemals übertreffen. Vielen scheint zwar, er sei in Zartheit und einer gewissen natürlichen Leichtigkeit vorzüglicher gewesen, keineswegs überlegen aber war er ihm in einer gewissen kraftvollen Grundlage der Entwürfe und Größe der Ausführung, worin wenige dem Leonardo gleichgekommen sind; mehr als irgend ein andrer Maler jedoch hat Raffael sich ihm genähert, besonders in der Lieblichkeit der Farben.

Ein großes Hindernis, was ihm viele Mühe bereitete, war diesem Künstler die Manier Pietros, welche er in frühster Jugend annahm, und sehr leicht annahm, weil sie klein, trocken und in der Zeichnung mangelhaft war; er konnte sie nicht vergessen und lernte daher mit vieler Anstrengung die Schönheit nackender Körper und richtiger Verkürzungen nach dem Karton Michelangelos im Ratssaale zu Florenz. Ein anderer, dem der Mut gesunken wäre, in der Meinung, er habe seine Zeit bis dahin verloren, würde, wenn auch mit herrlichem Geist begabt, doch nimmer vollbracht haben, was Raffael leistete, der die Manier Pietros von sich warf, um die in allen Teilen so schwierige des Michelangelo sich anzueignen, und fast vom Meister noch einmal zum Schüler wurde. Ein Mann schon, zwang er sich, durch unglaubliches Studium in wenigen Monaten zu lernen, was ein zarteres, für Aneignung aller Dinge empfänglicheres Alter und einen Zeitraum von vielen Jahren bedurft hätte. Fürwahr, wer nicht zeitig einen guten Grund legt, frühe schon die Manier lernt, der er folgen will, und allmählich durch Erfahrung die Schwierigkeiten der Kunst sich erleichtert, indem er das Einzelne zu verstehen und die Ausübung zu bringen sucht, der wird fast niemals vollkommen werden, und wird er es, so erreicht er es nur durch mehr Zeit und weit größere Anstrengung.

Als Raffael den Entschluss fasste, seine Manier zu verändern und zu verbessern, hatte er noch nie nackte Körper mit dem Studium ausgeführt, welches dabei nottut, er zeichnete sie nur nach der Natur in der Weise, wie es von Pietro, seinem Meister, geschehen war, und half ihnen durch die Anmut auf, welche die Natur ihm verliehen hatte. Von nun an jedoch ergab er sich dem Studium nackter Gestalten und suchte anatomisch die Muskeln aufzufinden an toten, geschundenen Körpern sowohl wie an lebenden, wo sie sich durch die überdeckende Haut nicht so deutlich als bei jenen unterscheiden lassen; hiedurch sah er, wie die Muskeln in ihrer Verbindung Fülle und Weichheit bekommen und wie man durch Wenden der Ansichten gewissen Verdrehungen Anmut geben könne, sah die Wirkung des Anschwellens, des Senkens und Erhebens einzelner Glieder oder des ganzen Körpers, die Verkettungen der Knochen, der Nerven und Adern, und wurde in allen Teilen so vorzüglich, wie man es von einem vollkommnen Maler verlangt. Bei alledem erkannte er: es sei ihm nicht möglich, Michelangelo, einen Mann von seltner Einsicht, hierin zu erreichen, doch wusste er auch, die Kunst der Malerei bestehe nicht einzig darin, nackte Körper darzustellen, sondern sie beherrsche ein weites Feld, und man könne unter die vollkommenen Meister auch denjenigen zählen, welcher seine Erfindungen und Gedanken gut und mit Leichtigkeit auszudrücken vermöge, seine Bilder nicht durch zu viel überlade, noch durch zu wenig dürftig erscheinen lasse, sondern vielmehr nach schöner Anordnung zusammenstelle und verteile.

Hierzu gehört, wie Raffael richtig überzeugt war, dass man die Kunst durch mannigfaltige und ungewöhnliche Perspektive der Gebäude und Landschaften und durch anmutige Bekleidung der Figuren bereichern, dass man die Gestalten bisweilen ins Dunkel sich verlieren, bisweilen ins Licht hervortreten lasse, dass man den Körpern der Frauen, der Kinder, der jungen und der alten Leute Schönheit und, je nachdem es erforderlich ist, Beweglichkeit und Kühnheit gebe. Er beachtete, wie bei Schlachtszenen die Flucht der Pferde und die Keckheit der Kriegsleute wichtig sei, wie man die verschiedenartigsten Tiere darstellen, vor allem aber die Menschen so der Natur getreu müsse nachbilden können, dass man sie selbst in der Wirklichkeit zu schauen glaube. Sei dies erreicht, so fordere die Ausschmückung der Bilder noch schöne Gewänder, Fußbekleidungen, Helme, Waffen, Kopfputz der Frauen, Haare, Bärte, Vasen, Bäume, Grotten, Felsen, Feuer, trübe und klare Luft, Wolken, Regen, Blitze, Nacht, Mondschein, Sonnenlicht und eine Menge dahin gehöriger Dinge. Dies war es, was Raffael erkannte, und er beschloss, da er Michelangelo in dem nicht erreichen könne, worin er ihm nachgestrebt hatte, wolle er in jener andern Art der Kunst ihm gleichkommen oder vielleicht ihn übertreffen, kurz, er gab es auf, ihn nachzuahmen, um nicht unnötige Zeit zu verlieren, und bestrebte sich, in allen Teilen eines andern Gebietes vollkommen zu werden.

Hätten viele Künstler unserer Zeit ebenso getan, die sich einzig dem Studium der Werke Michelangelos widmeten, ihn jedoch weder nachahmten, noch zu erreichen vermochten, so würden sie ihre Mühe nicht umsonst aufgewandt und nicht eine harte Manier voll Schwierigkeiten, ohne Reiz, ohne Kolorit und arm an Erfindung geschaffen haben, während ein Streben nach allgemeiner Ausbildung und Vervollkommnung auch der übrigen Teile der Kunst ihnen selbst und der Welt Nutzen bereitet hätte.

Raffael, der diesen Entschluss fasste, sah wohl ein, dass Fra Bartolommeo di San Marco eine gute Manier der Malerei, eine richtige Zeichnung und gefälliges Kolorit besaß, obwohl er bisweilen zu viel dunkle Schatten anbrachte, um die Gegenstände hervortreten zu lassen: Er beschloss daher, ihn in dem nachzuahmen, was nach seinem Sinn und Bedürfnis war, das heißt in Zeichnung und Kolorit eine mäßige Methode anzunehmen und damit einige andere zu vereinigen, welche den Werken der vorzüglichsten Meister entnommen waren. So bildete er aus vielen Manieren eine einzige, die nachmals für seine eigentümliche galt und die immerdar von Künstlern hochverehrt sein wird. Man erkennt sie in ihrer Vollkommenheit an den Sibyllen und Propheten in der Kirche Santa Maria della Pace, bei welchem Werk ihm von großem Nutzen war, dass er in der Kapelle des Papstes die Arbeit Michelangelos gesehen hatte.

Wäre er bei dieser Methode geblieben und hätte nicht gesucht, sie zu vergrößern und zu verändern, damit er zeige, er verstehe nackte Gestalten so gut auszuführen wie Michelangelo, so würde er nicht einen Teil des erworbenen Ruhmes verloren haben; denn die nackten Gestalten in dem Zimmer von Torre Borgia, wo der Brand von Borgo Nuovo dargestellt ist, sind zwar gut, doch nicht in allen Teilen vollkommen, und auch jene an der Decke des Palastes von Agostino Chigi in Trastevere genügen nicht ganz, es fehlt ihnen die Grazie und Weichheit, welche Raffael eigen war, was indes zum großen Teil dadurch veranlasst wurde, dass er sie nach seiner Zeichnung von andern Künstlern malen ließ.[82]

Raffael besaß Einsicht genug, diesen Irrtum zu erkennen, und wollte daher das Bild der Verklärung in San Pietro a Montorio ohne Hilfe anderer für sich allein arbeiten, und man findet darin alles, was von einem guten Werke gefordert wird. Hätte er beim Malen dieses Bildes nicht fast aus Eigensinn Lampenruß, wie ihn die Drucker brauchen, angewendet, der, wie ich früher schon sagte, mit der Zeit immer dunkler wird und den Farben schadet, mit denen er ver-

82 Vasari schildert hier die Praxis in Raffaels Werkstatt, die groß und gut organisiert war, um die großen Aufträge überhaupt bewältigen zu können. Agostino Chigis Palast in Trastevere ist die Farnesina (vgl. S. 43).

mischt ist, so würde dies Werk, glaube ich, heute noch so frisch sein wie zu der Zeit, da er es malte, während es nun sehr gedunkelt erscheint.

Ich wollte diese Betrachtungen beim Schluss der Lebensbeschreibung Raffaels anstellen, um zu zeigen, wie viel Mühe, Studium und Fleiß dieser ruhmwürdige Künstler sich auferlegt hat; ich wollte dies vornehmlich zum Nutzen der Maler tun, damit sie lernen, sich von den Hindernissen zu befreien, vor denen die Klugheit und Kunst Raffaels ihn zu schützen wusste. Noch hinzufügen will ich, dass jeder sich begnügen sollte, das zu tun, wofür die Natur ihm Gaben verliehen hat, ohne nach dem zu streben, was ihm versagt ist, damit er nicht seine Mühe umsonst, und oft zu seinem Schaden und zu seiner Schande, verliere. Wo es überdies hinreicht, etwas Gutes machen zu können, muss man sich nicht überspannen und nicht denen vorauskommen wollen, welche durch reiche Hilfe der Natur und besondere Gnade des Himmels Wunder in der Kunst tun. Wer zu einem Dinge nicht Geschick hat, der mag sich mühen, so viel er will, er wird doch nicht hervorbringen, was Naturanlage einen andern leicht erringen ließ. Unter den alten Malern haben wir hierin ein Beispiel an Paolo Uccello: Er legte sich Zwang auf in der Absicht, dadurch vorwärts zu schreiten, und ging rückwärts; dasselbe sehen wir in unsern Tagen an Jacopo da Pontormo und an vielen andern, wie schon gesagt wurde und noch gesagt werden wird. Und dies geschieht, weil der Himmel die Gaben so verteilt hat, dass jeder sich mit dem genügen kann, was ihm zufällt.

Lange genug und vielleicht zu viel schon haben wir über diese Angelegenheiten der Kunst geredet, und es ist Zeit, uns wieder zu Raffaels Leben und zu seinem Tode zu wenden. Er stand in naher Freundschaft zu Bernardo Divizio, Kardinal von Bibbiena;[83] dieser hatte ihn seit Jahren schon gerne verheiraten wollen, und Raffael trat dem Willen des Kardinals nicht fest entgegen, sondern hielt die Sache hin, indem er sagte, er wolle noch drei oder vier Jahre vorübergehen lassen. Dieser Termin rückte heran, für Raffael unerwartet, der Kardinal erinnerte ihn an sein Versprechen, und der wohlgesinnte Künstler, der seinem Worte nicht untreu werden wollte, sah sich gezwungen, die Hand einer Nichte des Kardinals anzunehmen. Dies Band war ihm sehr zur Last, er schob stets neue Hindernisse vor, und viele Monate verstrichen, ohne dass die Ehe vollzogen wurde. Auch tat er dies

83 Richtig: Bernardo Dovizi da Bibbiena, Kardinal ab 1513. Seine Nichte Maria Bibbiena war kränklich und starb noch vor Raffael. Raffael porträtierte Kardinal Bibbiena zwischen 1516 und 1520 (Florenz, Palazzo Pitti, Galleria Palatina).

nicht ohne ehrenwerte Absicht, denn nachdem er dem Hofe viele Jahre gedient hatte und Leo für eine große Summe sein Schuldner war, hatte man ihm angedeutet: Wenn er den großen Saal beendet habe, werde der Papst ihm als Anerkennung seiner Bemühungen und Fähigkeiten den Kardinalshut verleihen, deren eine Menge ausgeteilt werden sollten, darunter manche an Personen von geringerem Verdienst als Raffael.

Dieser ging unterdessen heimlich seinen Liebschaften nach und überließ sich deren Vergnügungen ohne Maß, daher geschah es, dass er eines Tages die Grenzen allzusehr überschritt und mit einem heftigen Fieber nach Hause kam. Die Ärzte glaubten, er habe sich verkältet, und da er den Grund seines Krankseins nicht angab, ließen sie ihn unverständiger Weise zur Ader, sodass er sich geschwächt fühlte, während er Stärkung bedurfte. Er machte deshalb sein Testament, sendete als ein guter Christ seine Geliebte aus dem Haus und hinterließ ihr so viel, dass sie mit Ehren leben konnte. Hierauf verteilte er sein Eigentum unter seine Schüler, an Giulio Romano, den er immer sehr geliebt hatte, den Florentiner Giovan Francesco, genannt Fattore,[84] und ich weiß nicht welchen Priester von Urbino, seinen Verwandten.

84 Giovanni Francesco Penni.

Einen Teil seines Vermögens bestimmte er, um ein altes Tabernakel in Santa Maria Rotonda, das er sich zur Grabesstätte auserlesen hatte, neu mit Marmor bekleiden und davor einen Altar mit einer Marmorstatue der Mutter Gottes errichten zu lassen.[85] Alles, was er sonst besaß, blieb dem Giulio und Giovan Francesco, und zum Exekutor seines Testamentes ernannte er Herrn Baldassare da Pescia, damals Datario (Kanzleipräsident) des Papstes.

Nachdem er alle diese Anordnungen getroffen hatte, beichtete er und starb reuevoll an demselben Festtage, an dem er geboren war, am Karfreitag, in einem Alter von siebenunddreißig Jahren, und wie sein Geist die Erde verschönte, ist zu glauben, dass seine Seele den Himmel schmückt. – In dem Saale, worin er zuletzt arbeitete, stand seine Leiche, ihm zu Häupten das Bild von der Verklärung, welches er für den Kardinal von Medici vollendet hatte, und wer dies lebende Gemälde und diesen toten Körper betrachtete, dessen Seele wurde von tiefem Schmerz erschüttert. Der Verlust Raffaels bestimmte den Kardinal, jenes Bild auf dem Hauptaltar von San Pietro in Montorio aufstellen zu lassen, und es wurde nachmals als selten

85 Raffaels Grab ist das erste Künstlergrab im Pantheon (auch S. Maria ad Martyres genannt) in Rom. Die Grabstatue (»Madonna del Sasso«) schuf sein Schüler Lorenzetto (Lorenzo Lotti).

herrlich, in allen Teilen von jedermann hoch in Wert gehalten. Sein Körper empfing ehrenvolles Begräbnis, wie es einem so edeln Geist geziemte, denn es war kein Künstler in Rom, der ihn nicht schmerzlich beweinte und zu Grabe geleitete. Viele Trauer brachte sein Tod dem ganzen päpstlichen Hofe; er hatte während seines Lebens das Amt eines Kammerherrn bekleidet, und der Papst hatte ihn so sehr geliebt, dass sein Verlust ihn bitterlich weinen machte.

Glücklicher und seliger Geist, gerne redet ein jeder von dir, feiert deine Taten und bewundert jede Zeichnung, welche du hinterlassen hast. Wohl konnte beim Tod dieses edeln Künstlers auch die Malerei sterben, denn als er die Augen schloss, blieb sie fast blind zurück. Uns aber, die wir noch leben, steht es zu, die gute oder vielmehr vollkommne Weise nachzuahmen, welche er uns zum Vorbild gegeben hat, sein Andenken dankbar im Herzen zu bewahren, wie unsre Pflicht und seine Verdienste es fordern, und durch Wort und Rede ihm ein ehrenvolles Gedächtnis zu stiften. Er war es, der Ausführung, Farben und Erfindung vereint zu einem Grade der Vollkommenheit brachte, welchen man kaum erreicht zu sehen hoffen durfte, und kein Geist achte für möglich, dass er ihn je übertreffen könne.

Und außer der Wohltat, welche er der Kunst als ihr wahrster Freund erwies, lehrte er uns durch sein Leben, wie man im Umgang mit den Großen der Welt, wie mit Menschen mittlern Standes und wie mit ganz geringen Leuten sich betragen müsse; auch halte ich unter seinen seltnen Gaben eine so wunderbar, dass sie mich in Staunen versetzt, die nämlich, dass der Himmel ihm Kraft verlieh, in unserem Kreise zu erwecken, was wider die Natur der Maler streitet; denn alle, nicht nur die Geringen, sondern auch die, welche den Anspruch machten, groß zu sein (wie die Kunst deren unzählige hervorbringt), waren einig, sobald sie in Gesellschaft Raffaels arbeiteten; jede üble Laune schwand, wenn sie ihn sahen, jeder niedrige, gemeine Gedanke war aus ihrer Seele verscheucht. Eine solche Übereinstimmung herrschte zu keiner Zeit als in der seinigen; dies kam daher, dass sie durch seine Freundlichkeit, durch seine Kunst und mehr noch durch die Macht seiner schönen Natur sich überwunden fühlten, welche so anmutsvoll und liebreich war, dass nicht nur die Menschen, sondern selbst Tiere ihn ehrten.

Man sagt, wenn irgend ein Maler, den er kannte oder auch nicht kannte, eine Zeichnung von ihm begehrte, habe er seine Arbeit liegen lassen, um jenem Hilfe zu leisten; er hielt stets eine Menge Künstler in Arbeit, half ihnen und belehrte sie mit einer Liebe, wie sie nicht Künstlern, sondern eigenen Kindern erwiesen wird. Hierdurch kam es, dass er nie von seinem Hause nach Hofe ging, ohne von wohl fünfzig guten und vorzüglichen Malern umgeben zu sein, die ihn durch ihr Geleite ehren wollten; kurz, er lebte wie ein Fürst und nicht wie ein Künstler: Wohl konntest du, o Kunst der Malerei, dich damals glücklich preisen, denn dir gehörte ein Meister an, dessen Trefflichkeit und Sitten dich zum Himmel erhoben. Gesegnet konntest du dich nennen, seit das Vorbild eines solchen Mannes deine Schüler gelehrt hat, wie man leben müsse und was es wert sei, Kunst und Tugend zu vereinen. In Raffael verbunden besiegten sie die Macht Julius' II. und erweckten die Großmut Leos des X., denn beide Fürsten mit der höchsten Würde bekleidet, erwählten ihn zum Freund, und übten gegen ihn eine Freigebigkeit und Gnade, welche ihm Mittel darbot, sich selbst und der Kunst große Ehre zu erwerben. Glückselig auch nennen kann man die, welche in seinem Dienste unter ihm arbeiteten, denn alle, die ihm nachstrebten, gelangten zu ehrenvollem Ziel; wer in der Kunst sich nach ihm bildet, wird von der Welt geehrt, und wer in Sitten ihm zu gleichen sucht, wird im Himmel belohnt.

Die folgende Grabschrift wurde Raffael von Kardinal Bembo gesetzt:

D. O. M.
Raphaelli Sanctio Joan. F. Urbinati Pictori
Eminentiss.
Veterumque Emulo
Cuius Spiranteis Prope Imagineis
Si Contemplere,
Naturae, Atque Artis Foedus
Facile Inspexeris.
Julij II. et Leonis X. Pontt. Maxx.
Picturae et Architect. Operibus
Gloriam Auxit.
Vixit An. XXXVII. Integer Integros.
Quo Die Natus Est, Eo esse Desiit
VII. Id. April MDXX.
Ille hic est Raphael, timuit quo sospite vinci
Rerum magna parens et moriente mori.[86]

Gott dem Allgütigen, Allmächtigen!
Raphael Santi, dem Sohne Giovannis des Urbinaten,
dem ausgezeichnetsten Maler
Und Nebenbuhler der Alten,
Bei dessen beinahe atmenden Gestalten,
Wenn du sie betrachtest,
Das Bündnis zwischen Natur und Kunst

86 Übersetzung nach Ernst Förster, *Raphael*, Bd. 1, Leipzig 1867, S. 322 f.

Du leicht erkannt haben wirst.
Er mehrte durch seine Werke
Der Malerei und Baukunst
Den Ruhm der Päpste Julius II. und Leo X.
Er lebte vollkommen vollkommene Jahre;
Und hörte an dem Tage, an dem er geboren, zu leben auf,
Am 7. April 1520.

Hier liegt Raphael, den die Natur, die mächtige, gefürchtet.
Dass er sie lebend besieg, und dass sie stürbe mit ihm.

Der Graf Balthasar Castiglione aber schilderte seinen Tod in folgender Weise:

Quod lacerum corpus medica sanaverit arte;
Hippolytum Stygiis et revocarit acquis,
At Stygias ipse est raptus Epidaurius undas;
Sic precium vitae mors fuit Artifici.
Tu quoque dum toto laniatam corpore Romam
Componis miro Raphael ingenio;
Atque urbis lacerum ferro, igni annisque cadaver.
Ad vitam, antiquum iam revocasque decus,
Movisti superum invidiam indignataque Mors est,
Te dudum extinctis reddere posse animam,
Et quod longa dies paulatim aboleverat, hoc te

Mortali spreta lege parare iterum.
Sic miser heu prima cadis intercepte Juventa,
Deberi et Morti nostraque nosque mones.[87]

Weil mit gesegneter Hand Aesculap die zerrissenen Glieder
Wieder belebt und den Tod, der schon die Beute gepackt,
Fort von dem Haupt Hippolyts in die Finsternis wieder verscheuchte,
Zog ihn die gierige Macht selbst in die Tiefe hinab.
So dich! Der du die Stadt, die verwüstete, niedergeworfne,
Trümmerbegrabne, empor tief aus den Grüften geholt,
Der du mit kundigem Blick die zerstreuten Gebeine geholt,
Und sie mit Zaubergewalt wieder ins Leben gelockt,
Bis sich der göttliche Leib, als kehrten die lange verrauschten
Zeiten der Größe zurück, jung aus dem Staube erhob:
Raphael! Aber es blickte der unersättliche Würger

87 Übersetzung nach Herman Grimm, *Das Leben Raphael's*, Berlin [3]1896, S. 222 f.

Neidischen Sinns und besorgt auf das ganze Werk.
»Was ich für immer gestürzt! Was mein ist! Was der Vernichtung
Ewig verfiel, wagt er wieder dem Lichte zu weihen?
Sink in den Staub!« – Und du sankst, voll bleibender Kraft. Wir aber
Denken der Stunde, da er uns dir zu folgen befiehlt.

Zu dieser Ausgabe

Der Text der vorliegenden Ausgabe folgt der ersten deutschen Gesamtübersetzung in der Edition von Ludwig Schorn und Ernst Förster:

> Leben der ausgezeichnetsten Maler, Bildhauer und Baumeister, von Cimabue bis zum Jahre 1567, beschrieben von Giorgio Vasari, Maler und Baumeister. Aus dem Italienischen. Mit einer Bearbeitung sämmtlicher Anmerkungen der früheren Herausgeber, sowie mit eigenen Berichtigungen und Nachweisungen begleitet von Ludwig Schorn, und nach dessen Tode von Ernst Förster. Dritter Band, enthaltend der Original-Ausgabe dritten Theil. Erste Abtheilung. Mit 24 lithographirten Bildnissen. Stuttgart und Tübingen, in der J. G. Cotta'schen Buchhandlung. 1843. S. 179–252.

Ludwig Schorn (1793–1842) war Redakteur des »Kunst-Blattes«, einer von 1816 bis 1849 erscheinenden Beilage zum *Morgenblatt für gebildete Stände*, das beim Verleger Cotta herauskam, und darüber hinaus Verlagsberater für Fragen zur Kunst. Er wurde von Cotta auch als Herausgeber, Korrektor und Kommentator der Vasari-Übersetzung herangezogen. Bemerkenswert ist die in der Vorrede zur mehrbändigen Übersetzung von Schorn dargelegte Absicht, der Anordnung und der Darstellungsweise Vasaris zu folgen. »Obgleich also diese Übersetzung allerdings einigen Anspruch darauf macht, den altertümlichen und novellenartigen Ton des Originals den deutschen Lesern zu Ohren zu bringen, so ist doch vor allem auf die wörtliche Treue gesehen worden.«[1]

Es darf als ein Vorzug dieser Übersetzung gelten, dass Vasaris Stil mit gutem Gespür für die bisweilen langen Perioden übertragen wurde. Deshalb ist die Frage nach der Urheberschaft der Übersetzung von philologischem Interesse. Schorn gibt an, dass die Übersetzung nicht von ihm stammt, sondern bereits in gewissem Umfang vorlag. Auch für die späteren Bände fertigten weder Schorn noch sein Nachfolger als Herausgeber, Ernst Förster (1800–1885), eigene Übersetzungen an. Beide dürften zwar bei kunsttechnischen Fachbegriffen redaktionellen Einfluss genommen haben, insgesamt besorgten sie aber hauptsächlich die historischen Anmerkungen und Werkinformationen.

Irrtümlich wurde früher Therese Heyne (1764–1892), die Tochter des bekannten Göttinger Altphilologen und Altertumskenners Christian Gottlob

1 Ludwig Schorn, »Vorrede des Herausgebers«, in: *Leben der ausgezeichnetsten Maler, Bildhauer und Baumeister* . . ., Bd. 1, 1832, S. IX.

Heyne, als die Übersetzerin des 1. Bandes angesehen, während die weiteren den Herausgebern zugerechnet wurden. Erst in den 90er Jahren des vorigen Jahrhunderts konnte diese Frage geklärt werden. Demnach stammt die gesamte Übersetzung von Adeline Seebeck (1799–1874) aus Berlin.[2] Nach der erhaltenen Verlagskorrespondenz hat sie für alle 6 Bände Honorar erhalten. Als Übersetzerin blieb Adeline Seebeck jedoch anonym, auch ihre weiteren schriftstellerischen Arbeiten erschienen unter Pseudonym.

Orthographie und Interpunktion wurden behutsam dem heutigen Gebrauch angeglichen, bei direkter Rede wurden durchgehend Anführungszeichen gesetzt. Offensichtliche Druckfehler wurden stillschweigend verbessert. Die Schreibung von Eigennamen wurde nach der heute gebräuchlichen Form vereinheitlicht. In den folgenden Fällen wurde vom Text abgewichen: 12 *zu malen* > *auszumalen*;

2 Vgl. dazu die Diskussion der erhaltenen Verträge und Korrespondenz im Cotta-Archiv (Schiller Nationalmuseum Marbach a. N.): Dirk Kemper, »Litterärhistorie – romantische Utopie – kunstgeschichtliche Poesie: drei Modelle der Renaissancerezeption, dargestellt anhand gedruckter und ungedruckter Vasari-Übersetzungen 1778–1832«, in: *Romantik und Renaissance. Die Rezeption der italienischen Renaissance in der deutschen Romantik*, hrsg. von Silvio Vietta, Stuttgart/Weimar 1994, S. 116–139, bes. S. 129–135.

83, 87 *malen* > *ausmalen*; 29 *Charaktere* > *Schriftzeichen*; 68 *Begünstigter* > *Vertrauter*.

Die Anmerkungen beziehen sich auf Personen, Ereignisse und besonders auf die von Vasari angesprochenen Werke. Daten und Fakten richten sich nach dem aktuellen Stand der Forschung; wo jedoch Datierungen umstritten sind, wurde die fragliche Zeitspanne angegeben. Die Angaben zu Aufbewahrungsorten nennen Stadt und Monument bzw. Sammlung.

Nachwort

Kein Werk der Kunstliteratur hat unser Bild vom neuzeitlichen Künstler so nachhaltig geprägt wie Giorgio Vasaris *Vite de' più eccellenti pittori, scultori e architetti* (1568). Monumental wird der literarische Entwurf eines Geschichtsbildes ausgebreitet, das drei Jahrhunderte italienischer Kunst umfasst und am Schluss die Künstlerapotheose vollzieht. Unter Berufung auf Vasari wird diese Zeitspanne »Renaissance« genannt, als Wiedergeburt (»rinascita«) der Kunst und auch Geburt der Neuzeit. Kaum ein Buch wurde in kunstinteressierten Kreisen des 16. Jahrhunderts so diskutiert wie Vasaris *Viten*; es besticht durch technische Kenntnisse des Autors, es bildet durch gelehrte Exkurse zu Theorie und Geschichte, es weiß erfrischende Anekdoten mit leichter Hand zu erzählen, es fehlt nicht an kennerschaftlichem Urteil, und es brilliert auf bislang ungeahnte Weise mit Beschreibungen von Kunstwerken. Erstmals ist der Versuch gewagt worden, den ganzen Mikrokosmos der Kunst literarisch zu bewältigen. Mehr noch, Vasaris *Viten* geben vor, dass die Kunst ihren eigenen Rhythmus der Geschichte zeitigt, einer Geschichte, die sich über die Lebenswerke der Künstler zu erkennen gibt.

Die göttliche Künstlertrias in Vasaris Geschichtsmodell

Die Kunst, so gibt uns Vasari zu verstehen, erlebt nach einer langen Zeit des dunklen Mittelalters in Italien ihre Wiedererweckung. Es sind Toskaner, genauer: Florentiner, die dies vollbringen. Vasaris Einteilung der neueren Kunstentwicklung in drei Phasen (»età«) entspricht der Jahrhundertfolge Trecento, Quattrocento und Cinquecento. Mit Cimabue beginnt die Geschichte der Kunst von neuem, nachdem sie bereits in der Antike ihren aufsteigenden und wieder sinkenden Verlauf durchlebt hatte. Sie folgt einem biologistischen Modell, das der Kunst Kindheit und Jugend, Blüte und Reife und schließlich Alter und Verwelken attestiert. Schon antike Autoren sahen dies so, Cicero (in seinem Dialog *Brutus* 70) und Quintilian (in der *Institutio Oratoria* XII,10,1–9) etwa, denen Vasari hierin folgt. Wenn Vasari, was oft betont wird, als Vater der Kunstgeschichte gelten darf, dann nicht, weil er aus dem genannten Modell heraus der Kunst eine historische Impulsmacht zubilligt, sondern eher, weil in seiner Einteilung ansatzweise überindividuelle Stilgemeinsamkeiten zu tragenden Elementen einer neuen Konstruktion von Zeiteinheiten werden. Was die Künstler eint, sind die gleichen künstlerischen Problemstellungen, was sie scheidet, sind die unterschiedlichen Lösungen, denen sie zustreben.

Kunst ist für Vasari ein Resultat gegenseitigen Austausches; von Generation zu Generation lernen die Künstler bestehende Mängel zu überwinden. Stets bleibt daher die Geschichte der Kunst an das einzelne Werk, an den einzelnen Künstler und seine Innovationen zurückgebunden. Insofern handelt es sich um eine Künstlergeschichte, die ihre über sich hinausweisende Wirkkraft aus der Vitalität der Individualitäten bezieht. Für Vasari nährt sich der prozessuale Fortschritt der Kunst aus zwei Prinzipien: Einmal postuliert er die Akkumulation technischer Errungenschaften, das heißt, dass jede Künstlergeneration die Erfahrungen der Älteren mit der Lehre in sich aufnimmt, also bereits auf einem viel höheren Niveau einsetzt, um es ihrerseits weiter anzuheben; dies führe zu dem Umstand, dass früher ein Maler sechs Jahre für ein Gemälde gebraucht habe, nun aber, in Vasaris Zeit, ein Maler sechs Bilder in einem Jahr malen könne. Bemerkenswert weitsichtig ist hierbei, dass Vasari zurückliegende Kunststufen historisch zu relativieren weiß. Zur ersten »età« heißt es: »Demnach gebührt den Meistern, welche zu jener Zeit lebten und von mir zu der ersten Periode gerechnet worden sind, dasselbe Lob und dieselbe Würdigung wie ihren Arbeiten, wobei nicht minder als bei den damaligen Bau- und Malerwerken zu beachten ist, dass die, welche sie ausführten, durch ihre Vorgänger keine Hilfe hatten, sondern den Weg für sich selbst finden mussten. Jeder Anfang aber, wenn auch an sich gering, verdient immerdar ein nicht geringes Lob.«[1]

Zum werkökonomischen Aspekt kommt dann zum anderen das Ingenium der Künstler, das befähigt, in neue schöpferische Dimensionen vorzustoßen. Ingenium ist die Bedingung der Möglichkeit von Innovation, und erst durch Innovationen vollzieht sich der prozessuale Fortschritt in der Geschichte der Kunst. Er setzt mit Cimabue ein und erreicht mit Giotto einen ersten Gipfel, indem dieser die »maniera greca«, die byzantinische Malweise, überwindet und die Wiedergeburt (»rinascita«) der Kunst einleitet. Giotto konnte auf keine Vorläufer aufbauen, sondern schöpfte aus sich selbst und der Natur. Daher steht das erste Zeitalter im Zeichen der Giotto-Nachfolge.

Dann folgt der eigentliche Schritt, das Mittelalter hinter sich zu lassen, indem unter dem Leitstern der Antike die Naturnachahmung zum Prinzip und die Zentralperspektive zum Verfahren schlechthin erhoben werden. Mit Brunelleschi, Ghiberti, Alberti, Masaccio und Donatello erlebt die Kunst entscheidende

1 *Leben der ausgezeichnetsten Maler, Bildhauer und Baumeister …*, Bd. 2,1, 1837, S. 10.

Fortschritte und wird der Antike ebenbürtig. Freilich fehlt in den Augen Vasaris diesen Künstlern noch die Fähigkeit, nach der Wiedereroberung aller Regeln sich über sie auch hinwegsetzen zu können und im autonomen Regelgebrauch, aber auch in dessen Überschreitung das freie Spiel künstlerischer Kräfte zu proben. »Der Regel fehlte eine gewisse Freiheit, die, ohne Regel zu sein, durch die Regel geordnet ist und bestehen kann, ohne Verwirrung zu veranlassen und die Ordnung zu verderben«, heißt es im Proömium zum 3. Teil.[2] Es mangelte am gewissen Etwas (»quel certo che«).

Dies sieht Vasari nunmehr im Cinquecento erreicht, und das Verdienst dafür, dass sein Zeitalter selbst die Antike überragt, spricht er drei Künstlern zu: Leonardo, Raffael und Michelangelo. Im personellen Grundriss seiner Geschichtskonstruktion überstrahlt dieses Dreigestirn alle anderen. Ihnen gebührt das Epitheton »göttlich«: Leonardos Fähigkeiten sind »von Gott gespendet«, Raffael gilt als »sterblicher Gott« , Michelangelo ist mehr »himmlisches« als »irdisches« Wesen.[3] Entscheidend für diesen laudativen Dreiklang ist nicht die faktische Alterskonstellation (Leonardo ist 1452, Raffael 1483, Michelangelo 1475

2 Ebd., Bd. 3,1, 1843, S. VIII.

3 Ebd., Bd. 5, 1847, S. 259.

geboren), sondern die Zeit der direkten künstlerischen Auseinandersetzung in den ersten beiden Dezennien des Cinquecento, eine Phase, die Vasari selbst nicht unmittelbar erlebte.

Leonardo markiert den Auftakt des 3. Teiles; er habe »gute Regel, bessere Anordnung, richtiges Maß, vollkommene Zeichnung und überirdische Anmut in die Kunst« gebracht, mehr noch, er hauchte seinen Gestalten »Atem und Leben« ein.[4] Mit ihm entsteht die »maniera moderna«. Raffael von Urbino verleiht seinen Werken dann vollendete Grazie und zieht aus allen Vorzügen anderer durch eigene Erfindungsgabe die Summe. Dass Raffael im ersten Drittel der »terza età« plaziert ist, erfolgt mit gutem Grund, denn dadurch wird ersichtlich, wie viele ihm nachgeordnete Künstler aus seiner Werkstatt hervorgehen oder seinem Ideal verpflichtet sind. Michelangelo schließlich, dessen Vita in der 1. Auflage den Schluss bildet, erhebt sich über alle antiken und neueren Künstler und selbst über die Natur; er verkörpert den Gipfelpunkt der Entwicklung aller drei Zeitalter. Es ist daher auch kein Zufall, wenn Vasari für das dritte Zeitalter die Vitenordnung so vornimmt, dass die teleologische Kunstentwicklung sich im Werk Michelangelos vollendet. In der 2. Auflage nimmt Vasari

4 Ebd., Bd. 3,1, 1843, S. XIII.

Michelangelos Absolutsetzung etwas zurück, da in Sammelkapiteln weitere noch lebende Künstler vorgestellt werden und Vasari sich nun nicht mehr scheut, eine Autobiographie anzuhängen.

Inhaltlich am engsten verknüpft sind die drei Lebensläufe bezeichnenderweise über den berühmten künstlerischen Wettstreit, den Leonardo und Michelangelo in Konkurrenz um das beste Schlachtengemälde austragen. Innovation ist ein Hauptantrieb der Kunst, der Wettstreit ein anderer. Im Wettstreit liegt das Movens der Innovation. Schon in der Antike praktiziert, steigt er zur Praxis künstlerischer Fortschrittsermittlung auf, wobei das agonistische Prinzip der Vervollkommnung der Kunst dient. Diesbezüglich erscheint der von der republikanischen Soderini-Regierung 1503 in Florenz erteilte Auftrag an Leonardo und Michelangelo, für den großen Ratssaal im Palazzo Vecchio je ein Gemälde zu entwerfen, in dem eine für Florenz glorreiche Schlacht dargestellt sein sollte, als zentrales Ereignis. Leonardo, schon in fortgeschrittenem Alter und weithin berühmt, entscheidet sich in seiner »Schlacht von Anghiari« für die Darstellung des dramatischen Höhepunkts im Kampf um das Banner. Michelangelo wählt in seiner »Schlacht von Cascina« den Augenblick vor dem eigentlichen Kampf, als die florentinischen Soldaten noch im Fluss baden und vom Schlachtsignal überrascht werden. Beide Kartons rühmt Benvenuto Cellini in seiner Autobiographie als eine »scuola del mondo«, eine Art Elementarschule für junge Künstler. Sie wurden beide noch im Cinquecento zerstört: Michelangelos Karton zerstückelten habgierige junge Künstler, denen das Kopieren nicht genügte; Leonardos in experimenteller Technik ausgeführtes Wandgemälde fiel der von Vasari selbst geleiteten Umgestaltung des Saales zum Opfer, indem er es von der Wand schlagen ließ und durch seine eigenen Huldigungsbilder an Cosimo I. ersetzte.

Mit diesen Konkurrenzgemälden wird in den *Viten* der Übergang vom zweiten zum dritten Zeitalter manifest, und gleichzeitig entsteht über sie das künstlerische Dreiecksverhältnis mit Raffael. In der Charakteristik von Raffaels künstlerischem Werdegang schreibt Vasari, der junge Urbinate sei »vom Verlangen nach Vollkommenheit ergriffen« (S. 12) worden, als er in Perugia von den Kartons Leonardos und Michelangelos für den Palazzo Vecchio hörte. Raffael ging nach Florenz, entwöhnte sich des Stiles seines Lehrers Perugino und suchte zunächst vor allem Leonardo nachzueifern. Er habe aber Leonardo in einer gewissen Erhabenheit der Ideen und Größe der Kunst (»in un certo fondamento terribile di concetti e grandezza d'arte«) nicht erreicht, sei ihm allerdings an Lieblichkeit (»dolcezza«) und Anmut der Farben

(»grazia de' colori«) gleichgekommen und habe ihn in der Leichtigkeit der Ausführung (»facalità naturale«) übertroffen (S. 94). Die eigentliche Herausforderung lag jedoch in der Darstellung des Nackten in allen Stellungen, so wie er es in Michelangelos »Schlacht von Cascina« sehen konnte, schließlich galt Aktdarstellung jeglicher Art als Nonplusultra sowohl der Malerei als auch der Bildhauerei.

Die Brisanz des künstlerischen Wettstreits im Palazzo Vecchio steht zu Beginn des Cinquecento in engem Zusammenhang mit dem Rangstreit (»paragone«) unter den Künsten, speziell zwischen Malerei und Bildhauerei, denn Michelangelo trat eigentlich als Bildhauer gegen den berühmtesten Maler der Zeit an. Das auf Simonides und Horaz zurückgehende Diktum, Poesie sei redende Malerei und Malerei stumme Poesie (»ut pictura poesis – ut poesis pictura«), beschäftigte viele geistreiche Köpfe der Renaissance mit der Frage, wem der Vorrang gebühre. In den bildenden Künsten wird dieser Rangstreit darauf zugespitzt, ob die Werke der Bildhauerei oder der Malerei, gemessen an ihrer Ähnlichkeit zur Natur einerseits und ihren spezifischen Kunstmitteln andererseits, lobenswertere Resultate vorzuweisen hätten. Die Argumente kreisen um die Wesenheiten dreidimensional-körperhafter bzw. zweidimensional-flächenhafter Darstellungsweise, in zweiter Linie um Spezifika der praktischen Tätigkeit und schließlich auch um das öffentliche Ansehen, das der jeweiligen Kunstart zuwächst. Gegen Ende des Quattrocento vertritt Leonardo in seinen Schriften vehement den Standpunkt, die Malerei sei eine mathematische Wissenschaft, und längst hätte ihr der Rang und die Anerkennung der Artes liberales zuerkannt werden müssen, außerdem erlaube ihre Ausübung in allen Bereichen den Habitus eines Edelmannes. Wenn Vasari ein halbes Jahrhundert später in seiner dem ganzen Werk vorangestellten Einleitung die Argumente für die Bildhauer und für die Maler mehr referiert als selbst expliziert, so signalisiert dies eine gewisse Ermüdung dieser Diskussion. Neue Argumente kommen nicht dazu, die alten sind sattsam bekannt. Michelangelo antwortet auf die berühmte, 1549 veröffentlichte Umfrage des Florentiner Literaten Benedetto Varchi zu diesem Streitthema, bisher habe er die Skulptur als Leuchte der Malerei betrachtet, mittlerweile sei er jedoch zu der Meinung gekommen, dass beide Künste von gleicher Natur seien (»una medesima cosa«) und aus ein und derselben Geisteskraft stammten (»venendo l'una e l'altra da una medesima intelligenza«).[5]

5 Vgl. Paola Barocchi (Hrsg.), *Trattati d'arte del Cinquecento*, Bd. 1, Bari 1960, S. 82.

Indirekt spricht Michelangelo das an, was bislang bei diesem Diskurs offen geblieben war: die Formulierung einer alles unter sich fassenden Beurteilungskategorie. Dies nun liegt für Vasari im »disegno« begründet, der für ihn zum Leitbegriff der *Viten* aufsteigt. »Disegno«, terminologisch keineswegs neu und in der Traktatliteratur bereits seit dem Quattrocento etabliert, ist für Vasari zunächst die Zeichnung vom ersten Entwurfsstadium bis zur bildmäßig ausgeführten Reinzeichnung, also überhaupt die Fähigkeit, in einem zunächst werkvorbereitenden Medium technische Virtuosität und gestalterischen Ideenreichtum zu demonstrieren. Systematisch sammelt er daher Handzeichnungen von Künstlern seit Cimabue und kollektiviert sie in einer chronologisch geordneten Mappe (*Libro del disegno*). Darüber hinaus bedeutet »disegno« aber auch den geistigen Entwurf, die Idee, die vor dem inneren Auge des Künstlers Gestalt gewinnt, längst vor dem ersten Schritt zur Ausführung. Nicht zufällig betonen sowohl Vasari als auch Ascanio Condivi, Verfasser der *Vita di Michel Angelo Buonarrotti* (1553), dass Michelangelo viele Werke deshalb nicht zu Ende bringen konnte, weil immer neue Ideen und der Wunsch zu deren Verwirklichung ihn ruhelos vorantrieben. Auch wenn bei dieser Erklärung mehr die bereits interpretierende Seh- und Denkweise der jüngeren Generation durchscheint, so ist es doch folgenreich, wie kategorisch bei Vasari die geistige Potenz des Entwurfs über der Ausführung rangiert. Insofern, als im »disegno« auch das vereinende Prinzip zur Architektur liegt, obwohl diese ja keine imitative Kunst ist, kann Vasari die Ganzheit aller künstlerischen Produktion, aber auch deren Beurteilung proklamieren.

Die Instanz des »disegno« macht es für Vasari auch möglich, die Aporie seines Entwicklungsmodells aufzulösen. Er sieht deutlich, dass mit dem Aufschwung der Kunst zu unübertrefflichen Höhen, personifiziert in Michelangelo, zugleich ein Erlahmungsphänomen einhergeht und der Abstieg der Kunst droht. Das dem biologistischen Modell implizite Verfallsproblem liegt auf der Hand, das Epigonentum wird zur Gefahr für eine stets sich selbst erneuernde, auf höchstem Niveau bleibende Kunst. Schon seine eigenen Zeitgenossen warnt er davor, in der Nachahmung einer Manier zu erstarren und die beiden großen Lehrmeisterinnen, die Natur und die Antike, zu vernachlässigen, denn die großen Künstler seien ja gerade durch sie zur Vollkommenheit gelangt. Vasari löst nun dieses Problem mit dem Rückgriff auf den ebenfalls in der Antike, z. B. bei Plinius (*Naturalis historiae* XXXV), bereits formulierten Zyklus-Gedanken, indem die Regeneration stets aufs neue durch herausragende Künstler geleistet wird.

Die entscheidende Stelle, in der Vasari die positive Aussicht auf eine zyklische Regeneration der Kunstentwicklung skizziert, findet sich in der Vita Raffaels. Dort heißt es, Raffael habe erkannt, dass er trotz aller Studien in der Darstellung des Nackten und daher auch im »disegno« nicht die Meisterschaft Michelangelos erreichen werde. Deshalb habe es auch keinen Sinn, darin mit Michelangelo zu wetteifern, und er erkannte, die »Malerei bestehe nicht einzig darin, nackte Körper darzustellen, sondern sie umfasse ein weites Feld, und man könne unter die vollkommenen Meister auch denjenigen zählen, welcher seine Erfindungen und Gedanken gut und mit Leichtigkeit auszudrücken vermöge [che sanno esprimere bene e con facilità l'invenzioni delle storie et i loro capricci con bel giudizio], seine Bilder nicht durch zu viel überlade noch durch zu wenig dürftig erscheinen lasse, sondern vielmehr nach schöner Anordnung [con bella invenzione et ordine] zusammenstelle und verteile« (S. 96). Folglich gibt Vasari den Künstlern seiner Zeit den Rat, nicht im fruchtlosen Kopieren Michelangelos steckenzubleiben, sondern es Raffael gleichzutun. Zur Zeit der 2. Ausgabe war Michelangelo längst heroisiert, doch auch die im Zuge der Gegenreformation laut gewordene Kritik an den Freizügigkeiten seiner Kunst hatte ihre Wirkung gezeitigt. Michelangelo war zwar unübertrefflich, aber es stand in Frage, ob seine Kunst in jeder Hinsicht als Leitstern gelten könne, da die Zukunft nicht mehr so sehr in der Bewältigung der Aktdarstellung gesehen wurde, sondern mehr in der Bilderfindung, der Komposition und der richtigen Anwendung des Decorum. Und weil Raffael in letzteren zur Vollkommenheit gelangt sei, könne er als Leitbild gelten. Denn solange technische Virtuosität mit der Fähigkeit zu erfindungsreichen Kompositionen auf einem Niveau gehalten werden kann, so lange sieht Vasari den drohenden Abstieg der Kunst gebannt.

Giorgio Vasari

Anspruch und Denken Vasaris in den *Viten* lassen sich kaum verstehen, berücksichtigt man nicht seine eigene Biographie und Stellung als Künstler. Giorgio Vasari wurde am 30. Juli 1511 in Arezzo geboren. Arezzo war schon in der Antike berühmt für Keramikwaren, und auch Vasaris Großvater Giorgio de' Toldi war Töpfer (»vasaio«), weshalb er den Familiennamen in »de' Vasari« änderte. Der Vater Antonio sorgte für eine gründliche Schulausbildung des Sohnes durch Pollastra (Giovanni Pollio Lappoli), einen ehemaligen Sieneser Universitätslehrer, sowie für eine erste Lehrzeit beim Glasmaler Guglielmo de Marcillat. Als Anfang Mai 1524 Kardinal Passerini Arezzo besuchte, nutzte Giorgios Vater die Gelegenheit und ließ den Dreizehnjährigen einige Passagen aus Vergils *Aeneis* rezitieren. Mit Erfolg, denn Passerini, der in Florenz Statthalter der Medici war, fand Gefallen an dem aufgeweckten Jungen und nahm ihn mit nach Florenz, um für die Medici-Söhne Ippolito und Alessandro einen geeigneten Spielkameraden zu haben.

Vasari wurde die Gunst zuteil, mit den beiden Medici-Erben gemeinsam jeden Tag zwei Stunden durch Piero Valeriano unterrichtet zu werden. Neben dieser Förderung seiner literarischen Interessen fand der halbwüchsige Giorgio vor allem auch Eingang in die führende Malerwerkstatt in Florenz von Andrea del Sarto und zur Zeichenschule des Baccio Bandinelli. Die Lehrzeit hat gemischte Erinnerungen hinterlassen – positive, was die solide Ausbildung in Andreas Werkstatt anbelangt, negative hinsichtlich der Erfahrung mit dem unsteten Wesen seines Lehrers, das dem künstlerischen Erfolg auf die Dauer abträglich war, und vor allem in Bezug auf dessen in der 1. Ausgabe als eigensüchtig und zänkisch geschilderten Ehefrau, die selbst den qualvollen Pesttod ihres Mannes mitleidlos und unbeteiligt mitangesehen haben soll. Deutlicher jedoch als die Lehre bei Andrea del Sarto rückt Vasari seine Schülerschaft bei Michelangelo in den Vordergrund, wobei die Bewunderung mehr den Wunsch als die Wirklichkeit zum Ausdruck bringt, denn es ist unwahrscheinlich, dass Michelangelo, der in den fraglichen Jahren ab 1524 in Florenz war, ihm Aufmerksamkeit gewidmet hätte. Eher dürfte wohl der junge Giorgio die Arbeiten seines Vorbilds zwar regelmäßig, aber aus gebührender Distanz verfolgt haben, ohne mit dem Meister in nennenswerten Kontakt zu treten, zumal dieser bekanntlich schwierig im Umgang war und für Schüler wenig Geduld aufbrachte. Deutlich scheint hier Vasaris Absicht durch, seine Autorität als Biograph zu legitimieren.

Fast noch ein Knabe, nimmt Vasari in dieser Zeit bereits, wenn auch nur als Schüler, am literarischen Leben teil. Er genießt höchste Protektion, er sieht viel, und er lernt, sich auf die richtige Weise zwischen Hof und Werkstätten zu bewegen sowie die Vorzüge eines Höflings mit den Fertigkeiten eines Malers zu vereinen. Die Karriere als Hofkünstler scheint vorgezeichnet. Doch nach nur drei Jahren bricht 1527 erneut ein republikanischer Umsturz über die Medici herein. Zunächst flieht auch Vasari aus Florenz, und zwar nicht etwa nach Rom, wo die kaiserlichen Truppen beim Sacco di Roma wüten, sondern zurück in seine Heimatstadt Arezzo, wo familiäre Pflichten warten und wo er auch bald erste Aufträge erhält. Seit dieser Zeit führt Vasari sein *Libro delle ricordanze*, ein

Auftragsbuch, worin er seine Gemälde sowie deren Preise festhält. Es informiert über seine Karriere über vier Jahrzehnte hinweg.

Nachdem die Medici wieder als Machthaber von Florenz eingesetzt waren, arbeitet Vasari ab 1531 abermals in ihrem Auftrag. Als aber zunächst Ippolito (1535) unerwartet und dann auch noch Alessandro de' Medici (1537) durch ein Mordkomplott versterben, muss Vasari sich erneut nach neuen Auftraggebern umsehen. Seine Freundschaft mit dem Olivetanermönch Miniato Pitti führt dazu, dass er bald als bevorzugter Maler des Ordens in ganz Italien herumkommt. Auf diesen Reisen kann er auch viele Kunstwerke mit eigenen Augen sehen und Informationen sammeln, die später den Viten zugute kommen.

Mitte der 40er Jahre erhält Vasari seinen bislang größten Auftrag und freskiert den großen Saal im Palazzo della Cancelleria in Rom mit Szenen aus dem Leben von Papst Paul III. Farnese ab März 1546. Hauptforderung des Auftraggebers Kardinal Alessandro Farnese ist, die Ausmalung schnell zu Ende zu bringen, und Vasari bewältigt die Arbeit in hundert Tagen, wie eine von Paolo Giovio stammende Inschrift versichert. Im römischen Kreis um Kardinal Farnese und dessen befreundete Humanisten sich zu bewegen, Abendgesellschaften beizuwohnen und in geistreiche Gespräche gezogen zu werden, entspricht

Vasaris Naturell und seinem Selbstverständnis, welchen gesellschaftlichen Stellenwert er dem Künstlertum inzwischen zumisst. Eben in dieser Zeit pflegt Vasari endlich näheren Kontakt zu Michelangelo. Seine späteren Äußerungen, mit dem Meister auf gutem Fuße zu stehen, beziehen sich auf diese römischen Jahre. In Michelangelos Briefen an »Messer Giorgio« schwingt hingegen häufig eine gewisse ironische Distanz zur Servilität seines Bewunderers mit.

Nach dem Tod von Papst Julius III. (1550–55), der ihn mit Aufträgen in Rom gehalten hatte, erhält er von Cosimo I. de' Medici das Angebot, florentinischer Hofkünstler zu werden. Vasari nimmt an. In den folgenden zwei Jahrzehnten steht die Kunstentwicklung in Florenz unter seiner Ägide. Er führt Malereien aus, entwirft die Dekorationen ganzer Raumfolgen, organisiert die große Schar der im Dienste des Hofes stehenden Künstler, liefert architektonische Entwürfe ab und bewährt sich schließlich auch als Regisseur und Organisator von Festen. Weites Aufsehen erregen die Feierlichkeiten bei der Bestattung Michelangelos 1564. Ein Jahr später glänzt er als Festregisseur bei der Hochzeit von Francesco de' Medici 1565. Er bewegt sich in den führenden Literatenkreisen und spielt auch eine Hauptrolle bei der Konstitution der Florentiner Accademia del Disgeno (1563), jener so bedeutenden ersten Kunstakademie. Diese letzten zwei Jahrzehnte seiner Karriere sind eine Erfolgsgeschichte, kein noch so komplexer Auftrag, der nicht von ihm in Angriff genommen worden wäre, keine künstlerische Herausforderung, der er sich nicht gestellt hätte. Mit der 2., inhaltlich stark vermehrten Auflage seiner *Viten* 1568 setzt er sich selbst ein Denkmal. Damit nicht genug, schickt er sich im Alter noch an, die gigantische Kuppel im Florentiner Dom auszumalen, obwohl ihm doch schon das Treppensteigen so beschwerlich geworden ist, dass er in einem Korb nach oben gezogen werden muss. Zahlreiche Vorzeichnungen sind schon entstanden, die ersten Tagwerke in Angriff genommen, doch mit der weiteren Ausführung hat Vasari sich übernommen. Über der Arbeit stirbt er am 27. Juni 1574.

Die Ausgaben: Torrentiniana (1550) und Giuntina (1568)

Die 1. Ausgabe der *Viten* erschien im Mai 1550 bei dem Verleger Lorenzo Torrentino in Florenz. Vasari selbst berichtet von der Episode, aus der heraus das Buch entstand: Zur Ausmalung des Hauptsaales im Palazzo della Cancelleria, später aufgrund der nur hundert Tage dauernden Ausführung der Malereien Sala dei Cento Giorni genannt, hält sich Vasari 1546 in Rom auf, wo er auch regelmäßiger Gast bei den Abendunterhaltungen seines Auftraggebers Kardinal Alessandro Farnese ist. Bei einer solchen Gelegenheit berichtet im Juni 1546 Giovio von seinem Plan, eine Vitensammlung der bedeutendsten italienischen Maler seit Cimabue zusammenzustellen, da er ohnehin gerade mit seiner Vitensammlung zu berühmten Männern befasst sei. Vasari rät ihm zunächst nur, sich in praktischen Fragen Rat von Künstlern einzuholen, und erbietet sich sogleich, eigene Notizen über Künstler, die er seit geraumer Zeit gesammelt hatte, zur Verfügung zu stellen. Nach Begutachtung dieser Notizen durch den Bischof lässt sich Vasari überreden, selbst ein solches Vitenwerk zu verfassen, zumal Giovio von seiner eigenen Vitensammlung der *Uomini illustri* (1548 erschienen) zu sehr in Anspruch genommen ist.

Für diesen Zeitpunkt darf daher Vasaris Entschluss, die *Viten* zu verfassen, angenommen werden. Der Beginn der Arbeiten setzt schon einige Jahre früher ein, vielleicht 1543, denn die von Vasari vorgelegten Notizen müssen bereits eine Form besessen haben, die es Giovio und dann auch Kardinal Farnese als gute Wahl erscheinen ließen, dass Vasari selbst als Schriftsteller tätig werde. Ein anderer Umstand lässt an der Zeitangabe für die Tischrunde beim Kardinal Farnese zweifeln, denn Vasari nennt als einen Anwesenden

den Dichter Francesco Maria Molza, der aber bereits im Februar 1544 verstorben war, sodass, wenn kein simpler Irrtum vorliegt, die Begebenheit möglicherweise schon im Juli 1543 stattfand, bevor Vasari Rom in Richtung Lucca und Florenz verließ. In einem Brief zum Widmungsexemplar der 1. Auflage an Cosimo I. vom 8. März 1551 bezeichnet Vasari dann das Buch als Ergebnis von zehn Jahren Mühe. Insofern darf man davon ausgehen, dass Vasari die eigentliche Entstehungsgeschichte literarisch überformt hat, sei es, um durch die angedeutete Kürze der Arbeit Respekt zu ernten, sei es, um durch den erlauchten Kreis der Inspiratoren das eigene Werk bedeutungsvoller zu machen.

Sicher ist, dass am 8. Juli 1547 Vasari berichtet, das Werk beendet zu haben. Noch im Oktober nimmt er das Manuskript mit nach Rimini, wo er bei den Olivetanermönchen einen Auftrag auszuführen hat, um durch seinen Freund Don Gianmatteo Faetani, den Prior der Olivetaner, eine Reinschrift anfertigen zu lassen. Faetani dürfte in dieser Phase der Redaktion jedoch kaum mehr wesentlichen Einfluss auf den Text ausgeübt haben. Aufschlussreich ist der Vorabkommentar von Annibale Caro, einem berühmten Literaten und Mitglied jener Runde bei Kardinal Farnese, dass Vasaris Stil genau richtig für Bücher dieser Art sei, nämlich jener der trefffsicheren gesprochenen Sprache (»a punto come il parlare«). Es fällt auf, dass Vasaris Sprache von 1550 auf 1568 eine Wandlung aufweist. Er selbst betont in selbstgefälliger Bescheidenheit, er wisse besser den Pinsel als die Feder zu gebrauchen, und deshalb habe er sich auch nicht um Schönheit der Worte oder Wohlgefälligkeit der Satzperioden bemüht. Freilich verraten Stil und Ausprägung des Volgare, dass er mit den zeitgleichen Bestrebungen unter Cosimo I., die toskanische Sprache zu nobilitieren, bestens vertraut ist. Die endgültige Drucklegung überwachten immerhin die führenden Florentiner Literatenfreunde Cosimo Bartoli und Pierfrancesco Giambullari. Außerdem tritt Vasari bereits in der Endphase der Redaktion zur *Torrentiniana* mit Vincenzo Borghini in Kontakt und gibt ihm den ungewöhnlich ausführlichen Index zur Durchsicht.

Das Aufsehen bei Erscheinen des Buches ist enorm; sogleich wird erkannt, dass man es mit einem epochalen Werk zu tun hat. In die zahlreichen Lobeshymnen mischen sich bald auch kritische Stimmen, die nicht nur Fehler aufzeigen, sondern vor allem auch den unverhohlenen Lokalpatriotismus Vasaris (»campanilismo«) anprangern, durch den die Würdigung oberitalienischer und besonders venezianischer Künstler völlig zu kurz kommt. Vasari leitet darin allerdings eine tiefere Motivation, denn für ihn zeigt diese Gewichtung auch die Überlegenheit seiner Auffassung von »disegno« im Gegensatz zum venezianischen Kolorismus. Die fundamentale Opposition zwischen »disegno« und »colore«, von Zeichnung und Farbe, die Vasari in den *Viten* propagiert, stellt einen Kardinalfall kunstakademischer Streitkultur dar und wird schließlich mit immer wieder neuen Varianten bis ins 19. Jahrhundert hinein die Gemüter erhitzen. Und es ist letztlich Vasari zuzurechnen, dass Tizian einen Sonderfall darstellt und nicht in einem Atemzug mit Leonardo, Raffael und Michelangelo genannt wird.

Früh schon muss sich Vasari mit dem Gedanken an eine revidierte Neuausgabe getragen haben. Nicht nur, dass er seine Materialsammlung ständig vermehrt, es verstarben zudem gerade in jenen Jahren einige Künstler. Auch legt ihm die neuere Entwicklung nahe, das alte Konzept aufzugeben und noch lebende Künstler, deren Bedeutung schon deutlich genug geworden ist, aufzunehmen. Für die geplante 2. Ausgabe ist Vincenzo Borghini (seit 1551 Prior am Findelhaus in Florenz) dann der Spiritus rector. Borghini weilt oft außerhalb von Florenz, was einen regen Briefwechsel zwischen ihm und Vasari zeitigt. Die Wiederentdeckung der umfangreichen Korrespondenz Vasaris gegen Ende des 19. Jahrhunderts war eine Sensation, doch durch den Streit um das Recht der Veröffentlichung auch ein unrühmlicher Fall von Gelehrtenzankereien. Jedenfalls macht der Nachlass die einzelnen Phasen der Neuausgabe gut nachvollziehbar. Schon die Umstellung im Titel der beiden Ausgaben (1550: *Le Vite de' piú eccellenti architetti, pittori, et scultori italiani, da Cimabue insino a' tempi nostri*; 1568: *Le Vite de' più eccellenti pittori, scultori ed architettori*) signalisiert die verschobene Gewichtung, denn mit der umfangreichen Aufnahme zeitgenössischer Künstler schwillt nicht nur der 3. Teil enorm an, sondern nun rücken die Maler entschieden in den Vordergrund.

Während Vasari für die 1. Ausgabe, die *Torrentiniana*, ein abgeschlossenes und redigiertes Manuskript zum Druck gibt, das Werk als Ganzes in seiner Struktur somit auch überschaubar ist, lässt er den Text der 2. Ausgabe in mehreren Folgen ab 1564 drucken, jetzt aber beim Verleger Giunti. Seine historiographischen Leitlinien behält er im Wesentlichen bei, weite Abschnitte der *Giuntina*, besonders diejenigen zu den neu hinzugekommenen Künstlern, konnten im Gesamtaufbau allerdings keiner ordnenden Übersicht mehr unterzogen werden. Dadurch ergeben sich Einschübe bei diversen Künstlern zu erwähnenswerten technischen Aspekten, die in den eigentlichen Technikkapiteln der allgemeinen Einleitung nicht mehr nachträglich eingefügt werden konnten.

Besonders Michelangelos Vita erfährt eine entschiedene Erweiterung, indem mehr Aussprüche Michelangelos, allerlei persönliche Dokumente wie Briefe und Gedichte ausführlich eingeflochten werden, stets mit der Versicherung, die Informationen aus erster Hand zu haben, was darin gipfelt, dass Vasari, um seine Glaubhaftigkeit zu untermauern, sogar Familienurkunden der Buonarroti einsieht und mitteilt. Allein schon diese Tatsache und der Umstand, dass vieles der Nachprüfung standhält, haben Vasari den Ruf als erster Kunsthistoriker (der freilich mit ganz anderen Prämissen ans Werk geht) eingebracht.

Nachwirkung

Eine unmittelbare Reaktion auf Vasaris Erstausgabe der *Viten* war gewissermaßen der 1557 erschienene Traktat *Dialogo della pittura intitolato l'Aretino* von Lodovico Dolce, der eine allgegenwärtige Frage erörterte, nämlich ob Raffael oder Michelangelo der Vorrang gebühre. Abgesehen von den Argumenten für und wider ist es bezeichnend, dass nun das Laienurteil das Wort ergreift und sich, durchaus an Vasari geschult, Respekt verschaffen will. Hinter dem Traktat steht Pietro Aretino, der berühmt-berüchtigte Publizist der Renaissance. So wie jener als Ahnherr der »Revolverpresse« gelte, so habe Vasari im Bereich der Kunst eine Geschmacksdiktatur ausgeübt und das »Schauspiel der Geburt der Kritik aus der schöpferischen Impotenz« geboten.[6] Ähnlich der gefürchteten Feder Aretinos habe Vasari in seinen Viten verschiedene Künstler gepriesen oder unmöglich gemacht, sodass diejenigen, die von ihm mit einem negativen Grundton in der Vita bedacht wurden, für die nächsten Jahrhunderte belastet waren. Auch wenn man Friedells süffisant-abschätzigem Urteil über Vasaris schöpferischen Charakter nicht beipflichten mag, so wird man doch zustimmen, dass Vasari in der Geschichte der Kunstkritik eine wichtige Rolle spielt, wenn auch bei ihm, im Gegensatz zu Aretino, der Konflikt, der später Künstler und Kritiker in ein gespanntes Verhältnis versetzen wird, noch keiner ist.

In der Folge entstehen in Italien zahlreiche lokale Künstlervitensammlungen. Bis weit ins 18. Jahrhundert hinein gehören sie neben den eigentlichen Kunsttraktaten zu den wichtigsten Quellen der Kunstgeschichte, nicht allein wegen ihrer (nicht immer zuverlässigen) Werkinformationen, sondern eben auch wegen der Vasaris Beispiel verpflichteten Kombina-

6 Egon Friedell, *Kulturgeschichte der Neuzeit* [1927–31], München 1984, S. 191.

tion von Lebensschilderung und kunsttheoretischen Ansichten. Giovanni Baglione (1642), Giovanni Battista Passeri (um 1673–79), Giovanni Pietro Bellori (1672), Filippo Baldinucci (1681) und Lione Pascoli (1730–36), um nur die wichtigsten zu nennen, tradieren in Italien das bekannte Prinzip zu einer fortlaufenden Künstlerchronik der Neuzeit. Von Vasari angeregt, griff man auch im Ausland die Vitenschreibung auf. Das nach Vasari anspruchsvollste Unternehmen dieser Art stammt von dem Flamen Karel van Mander (1548–1606), einem in Haarlem ansässigen Maler, der seine Gelehrsamkeit im *Großen Malerbuch* (1604) mit einer Zusammenstellung der berühmten nordalpinen Maler ausbreitet. Ihm verdanken wir ein ganzes Panorama zur niederländisch-flämischen Malerei. Frankreich zog mit André Félibien (1666), Roger der Piles (1681) und Antonin Dézallier d'Argenville (1745) nach. Für den deutschen Bereich besorgte dies Joachim von Sandrart mit seinem Werk *L'Accademia Tedesca della Architettura, Scultura et Pictura: Oder Teutsche Academie der Edlen Bau-, Bild- und Mahlerey-Künste* (1675–76), worin er nicht nur deutsche Künstler vorstellt, sondern auch didaktische Kapitel für die Künstlerausbildung einfügt, um nun auch den in Deutschland von ihm stark geförderten Akademiebestrebungen ein Lehrbuch zu bieten.

Alle genannten Autoren und noch viele mehr folgen im Allgemeinen dem Muster Vasaris, auch wenn jeweils lokale und modische Aktualisierungen die ästhetischen Überlegungen diktieren. Mit dem Bericht über die Kindheit und Jugend eines Künstlers werden oft topische Anekdoten über erstaunliche Talentproben und die damit erwiesene künstlerische Berufung verknüpft, wonach die Schilderung des Lebens mit einer Aufzählung wichtiger Werke folgt, um schließlich in eine übergreifende Schilderung der Persönlichkeit, nicht selten auch in eine Skizze ihrer Zeit und Umwelt zu münden. Zwei Grundzüge der sozialen Charakteristik kehren regelmäßig wieder: einmal der Aufstieg aus niederer Herkunft zu Ruhm, Ehren oder sogar Nobilitierung, zum anderen die schon vorhandene aristokratische Herkunft der Künstler, wodurch insgesamt ein aufwertendes Licht auf den Künstlerstand fällt, indem Berufung und Beruf idealtypisch zusammentreffen.

Erst Mitte des 18. Jahrhunderts wird Vasaris Modell überwunden. Diderot eröffnet mit seinen Salonbesprechungen der Kunstkritik neue literarische Dimensionen. Für den Entwurf einer Geschichte der Kunst ist es dann Johann Joachim Winckelmann mit seiner *Geschichte der Kunst des Altertums* (1764), der zwar das biologistische Modell von Jugend, Reife und Alter einer Epoche aufgreift, jedoch konsequent umdenkt zu einem Geschichtsverlauf der sich ablösenden Epochen, in denen nunmehr Stil- und Darstellungsprobleme die Einheit bilden und nicht mehr das individuelle Werk den Gang der Geschichte diktiert. Die Geschichte ist nun die Lehrmeisterin der Kunst, und in ihr geht das einzelne Künstlerleben auf. So sehr Winckelmann auch Vasari in vielem verpflichtet ist, aus seinem Werk spricht eine neue Kunstanschauung, nun hängt die Kunst »von der Zeit und ihren Veränderungen ab«.

Inhalt